世界500强企业精细化管理工具系列

人力资源管理
实用流程·制度·表格·文本

何立 滕悦然 编著

实战精华版

化学工业出版社

·北京·

《人力资源管理实用流程·制度·表格·文本》一书从规范化管理的基础——流程、制度、表格、文本入手解读，分四个部分29章导入了人力资源管理流程、制度、表格、文本的模板和示例。人力资源管理流程部分包括人力资源规划流程、岗位分析流程、员工招聘与录用管理流程、员工异动管理流程、员工培训与发展管理流程、绩效考核管理流程、员工关系管理流程、员工考勤与休假管理流程；人力资源管理制度部分包括人力资源规划制度、招聘与录用管理制度、员工考勤与假期管理制度、员工异动管理制度、员工培训与发展管理制度、员工薪酬福利管理制度、绩效考核与激励管理制度、员工关系管理制度；人力资源管理表格部分包括招聘录用表格、考勤休假管理表格、员工培训管理表格、员工异动管理表格、员工纪律与奖惩管理表单、薪酬福利管理表格、绩效管理表格、劳动关系管理表格；人力资源管理文本部分包括招聘录用文本、员工培训与发展文本、考勤休假管理文本、绩效管理文本、劳动关系管理文本。

本书进行模块化设置，内容实用性强，着重突出可操作性，为读者提供了实用的流程设置、制度范本、表单模板、文本参考。本书可以作为人力资源管理人员进行管理的参照范本和工具书，也可供企业咨询师、高校教师和专家学者做实务类参考指南。

图书在版编目（CIP）数据

人力资源管理实用流程·制度·表格·文本/何立，滕悦然编著. —北京：化学工业出版社，2020.1
（世界500强企业精细化管理工具系列）
ISBN 978-7-122-35622-2

Ⅰ.①人⋯ Ⅱ.①何⋯②滕⋯ Ⅲ.①企业管理-人力资源管理-研究 Ⅳ.①F272.92

中国版本图书馆CIP数据核字（2019）第252599号

责任编辑：陈　蕾　　　　　　　　　　装帧设计：尹琳琳
责任校对：刘　颖

出版发行：化学工业出版社（北京市东城区青年湖南街13号　邮政编码100011）
印　　刷：三河市延风印装有限公司
装　　订：三河市宇新装订厂
787mm×1092mm　1/16　印张17½　字数364千字　2020年1月北京第1版第1次印刷

购书咨询：010-64518888　　　　　　　　售后服务：010-64518899
网　　址：http://www.cip.com.cn
凡购买本书，如有缺损质量问题，本社销售中心负责调换。

定　价：88.00元　　　　　　　　　　　　　　　　　　　版权所有　违者必究

前言 PREFACE

竞争是企业的生命，是促进企业发展的动力，在现代市场经济中，竞争正在全范围地跃动着。特别是在经济飞速发展的今天，不管哪一个行业，企业之间的竞争都是日趋激烈并更加残酷，企业将面临更加严峻的考验和挑战。为此，企业除了以全新的意识创造全新的竞争条件来适应全新的竞争环境外，还必须从企业内部进行梳理、挖潜，实施精益化管理，且辅以过程控制，才能在竞争中立于不败之地，并获得持续发展。

一个有长远发展规划的企业，就要实施管理流程化、制度化，付诸表格、文本等支持性文件，进行规范化运作管理。流程的目的在于使企业的内部管理通过流程的梳理，不断加以改进，以使企业的效率不断得以提升；制度是所有管理模式的基础，没有制度的约束，任何管理都难以向前推进，进行制度化建设和管理可以促进企业向规范化方向发展。

"依据流程工作，依据制度办事"，便于企业员工掌握本岗位的工作技能，利于部门与部门之间，员工与员工之间及上下级之间的沟通，使员工最大限度地减少工作失误。同时，实施流程化、制度化管理更加便于企业对员工的工作进行监控和考核，从而促进员工不断改善和提高工作效率。

企业一旦形成流程化、制度化的管理运作，对于规范企业和员工的行为，树立企业的形象，实现企业的正常运营，促进企业的长远发展具有重大的意义。这样使企业的决策从根本上排斥"一言堂"，企业决策必定程序化和规范化，排斥没有科学论证依据的决策，企业的决策过程一定会程序化、透明化，从而大大减少了决策风险。

《人力资源管理实用流程·制度·表格·文本》一书从规范化管理的基础——流程、制度、表格、文本入手解读，分四个部分29章导入了人力资源管理流程、制度、表格、文本的模板和示例。人力资源管理流程部分包括人力资源规划流程、岗位分析流程、员工招聘与录用管理流程、员工异动管理流程、员工培训与发展管理流程、绩效考核管理流程、员工关系管理流程、员工考勤与休假管理流程；人力资源管理制度部分包括人力资源规划制度、招聘与录用管理制度、员工考勤与假期管理制度、员工异动管理制度、员工培训与发展管理制度、员工薪酬福利管理制度、绩效考核与激励管理制度、员工关系管理制度；人力资源管理表格部分包括招聘录用表格、考勤休假管理表格、员工培训管理表格、员工异动管理表格、员工纪律与奖惩管理表格、薪酬福利管理表格、绩效管理表格、劳动关系管理表格；人力资源管理文本部分包括招聘录用文本、员工培训与发展文本、考勤休假管理文本、绩效管理文本、劳动关系管理文本。

  本书进行模块化设置，内容实用性强，着重突出可操作性，为读者提供了实用的流程设置、制度范本、表单模板、文本参考。本书可以作为人力资源管理人员进行管理的参照范本和工具书，也可供企业咨询师、高校教师和专家学者做实务类参考指南。

  由于编著者水平有限，加之时间仓促、参考资料有限，书中难免出现疏漏与缺陷，敬请读者批评指正。

编著者

目录 CONTENTS

导读 规范化管理的基础——流程·制度·表格·文本

一、用流程来规范 2
二、用制度来约束 6
三、用表格来追溯 8
四、用文本来支持 12

Part 1 人力资源管理流程

第1章 人力资源规划流程 16
  1-01 人力资源需求调查流程 16
  1-02 人力资源需求预测流程 16
  1-03 人力资源规划编制流程 17
  1-04 人力资源规划评估流程 17
  1-05 人力资源制度制定流程 18
  1-06 人力资源费用预算流程 18

第2章 岗位分析流程 19
  2-01 岗位分析准备流程 19
  2-02 岗位分析调查流程 19
  2-03 岗位分析执行流程 20
  2-04 岗位分析反馈流程 20
  2-05 岗位说明书编制流程 21

  2-06 岗位说明书更新流程 …………………………………………… 21

第3章 员工招聘与录用管理流程 ………………………………………… 22

  3-01 员工招聘申请流程 …………………………………………… 22
  3-02 员工招聘计划流程 …………………………………………… 22
  3-03 操作工招聘流程 ……………………………………………… 23
  3-04 技术工招聘流程 ……………………………………………… 23
  3-05 管理人员招聘流程 …………………………………………… 24
  3-06 高层管理招聘流程 …………………………………………… 24
  3-07 招聘效果评估流程 …………………………………………… 25
  3-08 新员工报到流程 ……………………………………………… 25
  3-09 新员工入职培训流程 ………………………………………… 26
  3-10 新员工岗位试用流程 ………………………………………… 26
  3-11 劳动协议签署流程 …………………………………………… 27
  3-12 员工考核转正流程 …………………………………………… 27
  3-13 员工试用调整流程 …………………………………………… 28
  3-14 新员工辞退流程 ……………………………………………… 28

第4章 员工异动管理流程 ………………………………………………… 29

  4-01 员工升职作业流程 …………………………………………… 29
  4-02 员工降职作业流程 …………………………………………… 29
  4-03 员工平调作业流程 …………………………………………… 30
  4-04 员工平调评审流程 …………………………………………… 30
  4-05 员工升职评审流程 …………………………………………… 31
  4-06 员工降职评审流程 …………………………………………… 31
  4-07 员工辞职申请流程 …………………………………………… 32
  4-08 员工辞职谈话流程 …………………………………………… 32
  4-09 员工辞职交接流程 …………………………………………… 33
  4-10 员工流失总结流程 …………………………………………… 33
  4-11 员工辞职挽留流程 …………………………………………… 34
  4-12 员工辞退确认流程 …………………………………………… 34
  4-13 员工辞退谈话流程 …………………………………………… 35
  4-14 辞退员工申诉流程 …………………………………………… 35

    4-15　员工辞退补偿流程 ·· 36
    4-16　辞退员工统计分析流程 ··· 36

第5章　员工培训与发展管理流程 ·· 37

    5-01　培训需求分析流程 ··· 37
    5-02　培训计划制订流程 ··· 37
    5-03　现场培训作业流程 ··· 38
    5-04　培训效果评估流程 ··· 38
    5-05　员工入职培训流程 ··· 39
    5-06　员工业务培训流程 ··· 39
    5-07　员工外派培训流程 ··· 40
    5-08　员工职业规划编制流程 ··· 40
    5-09　员工职业辅导流程 ··· 41
    5-10　员工职业规划评估流程 ··· 41

第6章　绩效考核管理流程 ··· 42

    6-01　绩效目标制定流程 ··· 42
    6-02　绩效考核计划编制流程 ··· 42
    6-03　绩效标准制定流程 ··· 43
    6-04　绩效辅导流程 ·· 43
    6-05　绩效考核评价流程 ··· 44
    6-06　绩效面谈实施流程 ··· 44
    6-07　绩效改进作业流程 ··· 45

第7章　员工关系管理流程 ··· 46

    7-01　员工奖励作业流程 ··· 46
    7-02　员工处罚作业流程 ··· 46
    7-03　员工处罚申诉流程 ··· 47
    7-04　员工抱怨调查流程 ··· 47
    7-05　员工抱怨分析流程 ··· 48
    7-06　抱怨影响评估流程 ··· 48
    7-07　员工抱怨处理流程 ··· 49
    7-08　抱怨处理反馈流程 ··· 49
    7-09　员工满意度调查作业流程 ······································· 50

第8章　员工考勤与休假管理流程 ·· 51
　　8-01　考勤管理实施流程 ·· 51
　　8-02　考勤情况统计流程 ·· 51
　　8-03　员工请假作业流程 ·· 52
　　8-04　早退迟到处理流程 ·· 52
　　8-05　员工旷工处理流程 ·· 53

Part 2　人力资源管理制度

第9章　人力资源规划制度 ·· 55
　　9-01　人力资源规划管理制度 ·· 55
　　9-02　企业组织管理制度 ·· 58
　　9-03　公司权责划分制度 ·· 61

第10章　招聘与录用管理制度 ·· 62
　　10-01　员工招聘管理办法 ·· 62
　　10-02　新员工试用期管理制度 ·· 65
　　10-03　员工试用期考核办法 ·· 67

第11章　员工考勤与假期管理制度 ·· 70
　　11-01　公司考勤制度 ·· 70
　　11-02　加班管理制度 ·· 72
　　11-03　公司休假管理程序 ·· 73

第12章　员工异动管理制度 ·· 77
　　12-01　员工晋升管理办法 ·· 77
　　12-02　岗位轮换管理制度 ·· 81
　　12-03　员工内部调动管理办法 ·· 83
　　12-04　员工辞职、辞退（开除）管理办法 ······························ 84
　　12-05　员工离职管理规定 ·· 87

第13章　员工培训与发展管理制度 ·· 90
　　13-01　员工培训管理制度 ·· 90

13-02　员工职业生涯规划管理制度 ………………………………… 98

第14章　员工薪酬福利管理制度 ……………………………………… 102
　　14-01　薪酬福利制度 ……………………………………………… 102
　　14-02　员工福利管理办法 ………………………………………… 104
　　14-03　伤病、重大灾害及丧葬补助办法 ………………………… 107

第15章　绩效考核与激励管理制度 …………………………………… 109
　　15-01　绩效管理制度 ……………………………………………… 109
　　15-02　经营绩效会议管理制度 …………………………………… 113
　　15-03　员工工作计划考核办法 …………………………………… 116
　　15-04　员工激励制度 ……………………………………………… 117

第16章　员工关系管理制度 …………………………………………… 123
　　16-01　劳动合同管理制度 ………………………………………… 123
　　16-02　员工关系管理办法 ………………………………………… 127
　　16-03　员工投诉管理办法 ………………………………………… 131
　　16-04　员工沟通管理办法 ………………………………………… 134
　　16-05　员工满意度管理规定 ……………………………………… 138

Part 3　人力资源管理表格

第17章　招聘录用表格 …………………………………………………… 144
　　17-01　人力资源需求申请表（增员）……………………………… 144
　　17-02　人力资源需求申请表（补员）……………………………… 145
　　17-03　人力资源需求申请更改单 ………………………………… 145
　　17-04　部门年度人力需求计划表 ………………………………… 146
　　17-05　年度人力需求计划报批表 ………………………………… 146
　　17-06　招聘计划 …………………………………………………… 147
　　17-07　应聘者电话沟通记录表 …………………………………… 148
　　17-08　招聘情况反馈分析表 ……………………………………… 148
　　17-09　录用决定审批表 …………………………………………… 149
　　17-10　背景调查电话交流记录表 ………………………………… 149

- 17-11 入职审批表 ·················· 150
- 17-12 面试评价量表 ················ 151
- 17-13 新员工报到手续表 ············ 152
- 17-14 试用期第_____月份综合评估表 ·· 153
- 17-15 新员工转正申请表 ············ 153
- 17-16 试用员工考核表 ·············· 154
- 17-17 试用期员工转正面谈表 ········ 154
- 17-18 续聘人员汇总表 ·············· 155

第18章 考勤休假管理表格 ············ 156

- 18-01 员工月度考勤记录表 ·········· 156
- 18-02 未打卡证明 ·················· 156
- 18-03 请假申请单 ·················· 157
- 18-04 外勤、补休申请单 ············ 157
- 18-05 员工年假、补休记录表 ········ 158
- 18-06 加班申请表 ·················· 158
- 18-07 出差审批单 ·················· 159

第19章 员工培训管理表格 ············ 160

- 19-01 年度培训计划表 ·············· 160
- 19-02 月度培训计划表 ·············· 160
- 19-03 培训申请表 ·················· 161
- 19-04 培训通知单 ·················· 161
- 19-05 培训师试讲评估单 ············ 162
- 19-06 培训记录表 ·················· 162
- 19-07 新入职员工培训跟踪表 ········ 163
- 19-08 多能工培训计划表 ············ 164
- 19-09 多能工资格鉴定一览表 ········ 164
- 19-10 一专多能培训计划检查表 ······ 165
- 19-11 "师带徒"培训任务书 ········ 166
- 19-12 培训辅导记录表(师傅) ······ 166
- 19-13 培训辅导记录表(徒弟) ······ 167
- 19-14 师傅一对一辅导总结报告 ······ 167

- 19-15 一对一师带徒专题培训徒弟考核表 168
- 19-16 员工操作培训申请表 169
- 19-17 学徒工（机台长）鉴定考核申请表 169
- 19-18 员工职业发展规划表 170
- 19-19 核心人才推荐表 171
- 19-20 核心人才候选人员评估表 171
- 19-21 核心人才培养计划表 172
- 19-22 核心人才培养档案表 173

第20章 员工异动管理表格 174

- 20-01 员工晋升申请表 174
- 20-02 晋升考核评估表 175
- 20-03 管理职务晋升推荐表 176
- 20-04 员工晋升综合素质与能力考核表（主管人员适用） 177
- 20-05 员工晋升综合素质与能力考核表（管理人员适用） 178
- 20-06 工作轮换申请表 179
- 20-07 岗位人员轮换登记表 179
- 20-08 员工工作轮换登记卡 180
- 20-09 员工调动审批表 181
- 20-10 内部调整通知单 181
- 20-11 调换工种申请表 182
- 20-12 调换工种通知单 182
- 20-13 内部调动通知单 183
- 20-14 员工离职申请单 183
- 20-15 公司员工辞退、除名申请单 184
- 20-16 员工离职手续办理单 185
- 20-17 员工离职、调岗工作交接清单 186
- 20-18 离职移交清单 187
- 20-19 员工离职面谈表 188
- 20-20 员工辞退通知书 189

第21章 员工纪律与奖惩管理表单 190

- 21-01 员工奖惩建议申请表 190

21-02 员工奖惩月报表 ··· 190
21-03 员工奖励建议书 ··· 191
21-04 员工违纪处罚单 ··· 191
21-05 奖惩通知单 ··· 192
21-06 纪律处分通知书 ··· 192
21-07 奖惩登记表 ··· 193
21-08 员工奖罚明细 ·· 193

第22章 薪酬福利管理表格 ·· 194

22-01 员工薪资登记表 ··· 194
22-02 员工工资表 ··· 194
22-03 员工调薪申请表 ··· 195
22-04 薪资变动申请表 ··· 196
22-05 职务薪金调整申请表 ·· 197
22-06 薪金调整通知单 ··· 197
22-07 员工抚恤申请表 ··· 198
22-08 员工婚丧喜庆补贴申请表 ······································· 198
22-09 员工重大伤病补助申请表 ······································· 199
22-10 员工福利金申请表 ··· 199

第23章 绩效管理表格 ·· 200

23-01 绩效计划表 ··· 200
23-02 部门绩效考核表 ··· 200
23-03 员工工作业绩评估表 ·· 201
23-04 员工绩效评述表 ··· 202
23-05 客户评价与绩效记录表 ·· 203
23-06 绩效面谈记录表 ··· 203
23-07 员工绩效考核面谈记录表 ······································· 204
23-08 绩效评估沟通记录表 ·· 205
23-09 绩效考核申诉表 ··· 205
23-10 员工绩效评估申诉表 ·· 206
23-11 绩效考核申诉处理记录表 ······································· 206
23-12 绩效改进计划表 ··· 207

23-13	员工绩效评估结果汇总表	207
23-14	部门半年绩效考评汇总表	208
23-15	个人年度考核统计表	208
23-16	部门年度考核统计表	209
23-17	绩效考核结果处理表	209

第24章 劳动关系管理表格 ... 210

24-01	员工劳动合同签收备案表	210
24-02	劳动合同签订、变更登记表	210
24-03	员工解除、终止劳动合同审批表	211
24-04	劳动合同管理台账	211
24-05	员工申诉书	212
24-06	员工座谈会＿＿月问题改善跟进表	212
24-07	总经理意见箱＿＿月改善跟进表	213
24-08	员工意见箱＿＿月提报改善跟进表	213
24-09	员工满意度调查问卷	214

Part 4　人力资源管理文本

第25章 招聘录用文本 ... 220

25-01	××××年度招聘方案	220
25-02	体检通知书	221
25-03	员工报到（变动）通知书	222
25-04	员工录用（报到）通知书	222
25-05	员工廉洁从业承诺书	223
25-06	录用通知书	225
25-07	员工保证书	225
25-08	新进员工须知	226
25-09	员工个人行为责任承诺书	228
25-10	不可撤销担保书（出纳、仓管）	229
25-11	不可撤销担保书（司机）	230

  25-12 员工试用期满通知书 ………………………………………………… 231
  25-13 试用期转正通知书 …………………………………………………… 231
  25-14 保密和竞业禁止协议 ………………………………………………… 232
  25-15 内部推荐入职奖励方案 ……………………………………………… 234

第26章 员工培训与发展文本 …………………………………………………… 236
  26-01 员工梯队培训方案 …………………………………………………… 236
  26-02 培训服务协议书 ……………………………………………………… 239
  26-03 员工个人发展计划（适用新员工）………………………………… 242
  26-04 个人发展计划书 ……………………………………………………… 245

第27章 考勤休假管理文本 ……………………………………………………… 251
  27-01 关于年假的通告 ……………………………………………………… 251
  27-02 员工带薪年休假确认书 ……………………………………………… 251

第28章 绩效管理文本 …………………………………………………………… 253
  28-01 员工绩效考核指标调查问卷 ………………………………………… 253
  28-02 员工技能考核方案 …………………………………………………… 258

第29章 劳动关系管理文本 ……………………………………………………… 260
  29-01 签订劳动合同通知书 ………………………………………………… 260
  29-02 劳动合同期满通知书 ………………………………………………… 261
  29-03 员工离职通知书 ……………………………………………………… 261
  29-04 续订劳动合同通知书 ………………………………………………… 262
  29-05 不签订无固定期限劳动合同确认书 ………………………………… 263
  29-06 劳动合同变更协议书 ………………………………………………… 263
  29-07 解除劳动合同证明书 ………………………………………………… 264
  29-08 解除、终止劳动合同通知书 ………………………………………… 265
  29-09 终止（解除）劳动合同证明书 ……………………………………… 266
  29-10 离职证明 ……………………………………………………………… 266

导读　规范化管理的基础——流程·制度·表格·文本

规范化管理就是从企业生产经营系统的整体出发，对各环节输入的各项生产要素、转换过程、产出等制定制度、流程、指标等标准（规范），并严格地实施这些规范，以使企业协调统一地运转。企业要引入现代管理制度，必须建立管理的标准体系。建立这些标准体系的一系列活动就是管理的规范化。

企业要提高管理水平，一定要从基础工作做起，把流程、制度、表格和文本建设好，并且一定要执行到位。

一、用流程来规范

工作流程是指企业内部发生的某项业务从起始到完成，由多个部门、多个岗位，经多个环节协调及顺序工作共同完成的完整过程。

（一）流程内容

从具体业务管理来看，流程必须包括以下内容。
（1）流程输入。
（2）流程输出。
（3）开始、结束。
（4）权责。
（5）流程动态内容。
（6）裁决方向。
（7）动态流向。

（二）流程样式

为便于识别，绘制流程图时，一般按照以下习惯做法进行。
（1）通常用椭圆表示"开始"与"结束"，但在大多数情况下，都省略了。
（2）行动方案的普通工作环节用矩形表示。
（3）问题判断或判定（审核、审批、评审）环节用菱形表示。
（4）箭头代表工作流方向。
（5）输入输出为平行四边形。

以下列举，人员招聘中初试流程设计做参考，如下图（两种格式均可）所示。

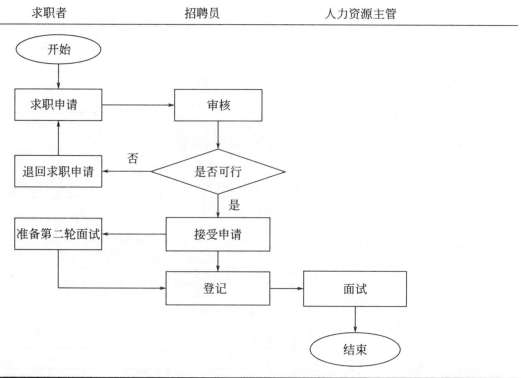

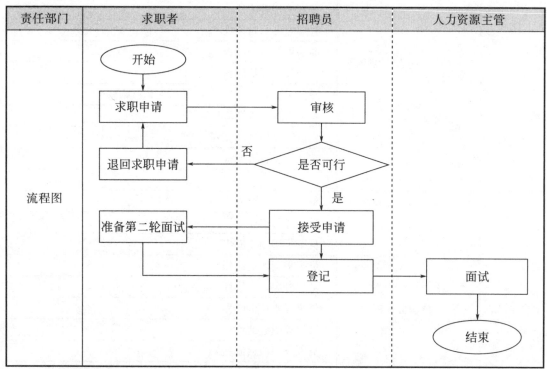

《人力资源管理实用流程·制度·表格·文本》一书为企业的人力资源管理提供了一些实用的流程范本供参考,具体包括以下8个方面,见下表。

实用的流程范本

序号	管理模块	流程名称
1	人力资源规划流程	人力资源需求调查流程
		人力资源需求预测流程
		人力资源规划编制流程
		人力资源规划评估流程
		人力资源制度制定流程
		人力资源费用预算流程
2	岗位分析流程	岗位分析准备流程
		岗位分析调查流程
		岗位分析执行流程
		岗位分析反馈流程
		岗位说明书编制流程
		岗位说明书更新流程
3	员工招聘与录用管理流程	员工招聘申请流程
		员工招聘计划流程
		操作工招聘流程
		技术工招聘流程
		管理人员招聘流程
		高层管理招聘流程
		招聘效果评估流程
		新员工报到流程
		新员工入职培训流程
		新员工岗位试用流程
		劳动协议签署流程
		……
4	员工异动管理流程	员工升职作业流程
		员工降职作业流程
		员工平调作业流程
		员工平调评审流程
		员工升职评审流程
		员工降职评审流程
		员工辞职申请流程
		员工辞职谈话流程
		员工辞职交接流程
		员工流失总结流程
		……

续表

序号	管理模块	流程名称
5	员工培训与发展管理流程	培训需求分析流程
		培训计划制订流程
		现场培训作业流程
		培训效果评估流程
		员工入职培训流程
		员工业务培训流程
		员工外派培训流程
		员工职业规划编制流程
		员工职业辅导流程
		员工职业规划评估流程
6	绩效考核管理流程	绩效目标制定流程
		绩效考核计划编制流程
		绩效标准制定流程
		绩效辅导流程
		绩效考核评价流程
		绩效面谈实施流程
		绩效改进作业流程
7	员工关系管理流程	员工奖励作业流程
		员工处罚作业流程
		员工处罚申诉流程
		员工抱怨调查流程
		员工抱怨分析流程
		抱怨影响评估流程
		员工抱怨处理流程
		抱怨处理反馈流程
		员工满意度调查作业流程
8	员工考勤与休假管理流程	考勤管理实施流程
		考勤情况统计流程
		员工请假作业流程
		早退迟到处理流程
		员工旷工处理流程

二、用制度来约束

"一切按制度办事"是企业制度化管理的根本宗旨。企业通过制度规范员工的行为，员工依据制度处理各种事务，而不是以往的察言观色和见风使舵，使企业的运行逐步规范化和标准化。一个具体的、专业性的企业管理制度一般是由一些与此专业或职能相关的规范性的标准、流程或程序，规范性的控制、检查、奖惩等因素组合而成。在很多场合或环境里，制度即规范或工作程序。

（一）制度内容

从一个具体的企业管理制度的内涵及其表现形式来看，企业管理制度主要由以下内容组成。

（1）编制目的。
（2）适用范围。
（3）权责。
（4）定义。
（5）作业内容。包括作业流程图，及用5W1H对作业流程图的要项逐一说明。
（6）相关文件。
（7）使用表单。

一般来说，编写管理制度的内容时，应按照以下要领进行，具体见下表。

管理制度内容编写要领

序号	项目	编写要求	备注
1	目的	简要叙述编制这份制度的目的	必备项目
2	范围	主要描述这份制度所包含的作业深度和广度	必备项目
3	权责	列举本制度和涉及的主要部门或人员的职责和权限	可有可无
4	定义	列举本制度内容中提到的一些专业名称、英文缩写或非公认的特殊事项	可有可无
5	管理规定	这是整篇文件的核心部分，用5W1H的方式依顺序详细说明每一步骤涉及的组织、人员及活动等的要求、措施、方法	必备项目
6	相关文件	将管理规定中提及的或引用的文件或资料一一列举	可有可无
7	使用表单	将管理规定中提及的或引用的记录一一列举，用以证明相关活动是否被有效实施	可有可无

（二）制度样式

严格来说，在制造企业行业内部，还没有规定出一个具体的制度样式。大多数工厂都采用目前比较流行的、便于企业进行质量审核的文件样式，具体示例如下。

××公司标准文件		××有限公司 ×××管理制度/工作程序	文件编号××-××-××	
版本	第×/×版		页　次	第×页

1　目的
2　适用范围
3　权责单位
3.1 _____部门
　　负责××
3.2 _____部门
　　负责××
　　……
4　定义
5　管理规定（程序内容）
5.1 _____
5.1.1 _____
5.1.2 _____
5.2 _____
　　……
6　相关文件
　　××文件
7　使用表单
　　××表

拟订		审核		审批	

《人力资源管理实用流程·制度·表格·文本》一书为企业的人力资源管理提供了一些实用的制度范本供参考，具体包括以下8个方面，见下表。

实用的制度范本

序号	管理模块	制度名称
1	人力资源规划制度	人力资源规划管理制度
		企业组织管理制度
		公司权责划分制度
2	招聘与录用管理制度	员工招聘管理办法
		新员工试用期管理制度
		员工试用期考核办法
3	员工考勤与假期管理制度	公司考勤制度
		加班管理制度
		公司休假管理程序

续表

序号	管理模块	制度名称
4	员工异动管理制度	员工晋升管理办法
		岗位轮换管理制度
		员工内部调动管理办法
		员工辞职、辞退（开除）管理办法
		员工离职管理规定
5	员工培训与发展管理制度	员工培训管理制度
		员工职业生涯规划管理制度
6	员工薪酬福利管理制度	薪酬福利制度
		员工福利管理办法
		伤病、重大灾害及丧葬补助办法
7	绩效考核与激励管理制度	绩效管理制度
		经营绩效会议管理制度
		员工工作计划考核办法
		员工激励制度
8	员工关系管理制度	劳动合同管理制度
		员工关系管理办法
		员工投诉管理办法
		员工沟通管理办法
		员工满意度管理规定

三、用表格来追溯

企业管理中的各类表格主要用于记载过程状态和过程结果，是企业质量保证的客观依据，为采取纠正和预防措施提供依据，有利于业务标识和可追溯性。

（一）表格登记过程中常见的问题

表格在登记过程中常见以下问题。

（1）盲：表格的设置、设计目的、功能不明，不是为管理、改进所用，而是为了应付检查（比如，我们在填写质量报表时，本来该真实记录的，为了应付检查而更改）。

（2）乱：表格的设置、设计随意性强，缺乏体系考虑，表格的填写、保管、收集混乱，责任不清。

（3）散：保存、管理分散，未做统一规定。

（4）松：记录填写、传递、保管不严，日常疏于检查，达不到要求，无人考核，且丢失和涂改现象严重。

（5）空：该填不填，空格很多，缺乏严肃性、法定性。

（6）错：写错别字，语言表达不清，填写错误。

（二）表格的设计和编制要求

（1）表格并非越多越好，正确的做法是只选择必要的原始数据作为记录。

（2）在确定表格的格式和内容的同时，应考虑使用者填写方便并保证能够在现有条件下准确地获取所需的信息。

（3）应尽量采用国际、国内或行业标准，对表格应废除多余的，修改不适用的，沿用有价值的，增补必需的，应使用适当的表格或图表格式加以规定，按要求统一编号。

（三）表格的管理和控制

表格的管理和控制要满足以下要求才能更好地被追溯，见下表。

表格的管理和控制要求

序号	管理项目	说明
1	标识	应具有唯一性标识，为了便于归档和检索，记录应具有分类号和流水号；标识的内容应包括表格所属的文件编号、版本号、表号、页号；没有标识或不符合标识要求的记录表格是无效的表格
2	储存和保管	记录应当按照档案要求立卷储存和保管；记录的保管由专人或专门的主管部门负责，应建立必要的保管制度，保管方式应便于检索和存取，保管环境应适宜可靠，干燥、通风，并有必要的架、箱，应做到防潮、防火、防蛀，防止损坏、变质和丢失
3	检索	一项管理活动往往涉及多项表格，为了避免漏项，应当对表格进行编目，编目具有引导和路径作用，便于表格的查阅和使用，通过查阅各项表格可以对该项管理活动有一个整体的了解
4	处置	超过规定保存期限的表格，应统一进行处理，重要的含有保密内容的表格须保留销毁记录

《人力资源管理实用流程·制度·表格·文本》一书为企业的人力资源管理提供了一些实用的表格范本供参考，具体包括以下8个方面，见下表。

实用的表格范本

序号	管理模块	表格名称
1	招聘录用表格	人力资源需求申请表（增员）
		人力资源需求申请表（补员）
		人力资源需求申请更改单
		部门年度人力需求计划表
		年度人力需求计划报批表
		招聘计划
		应聘者电话沟通记录表
		招聘情况反馈分析表
		……
2	考勤休假管理表格	员工月度考勤记录表
		未打卡证明
		请假申请单
		外勤、补休申请单
		员工年假、补休记录表
		加班申请表
		出差审批单
3	员工培训管理表格	年度培训计划表
		月度培训计划表
		培训申请表
		培训通知单
		培训师试讲评估单
		培训记录表
		新入职员工培训跟踪表
		多能工培训计划表
		多能工资格鉴定一览表
		一专多能培训计划检查表
		"师带徒"培训任务书
		培训辅导记录表（师傅）
		培训辅导记录表（徒弟）
		……

续表

序号	管理模块	表格名称
4	员工异动管理表格	员工晋升申请表
		晋升考核评估表
		管理职务晋升推荐表
		员工晋升综合素质与能力考核表（主管人员适用）
		员工晋升综合素质与能力考核表（管理人员适用）
		工作轮换申请表
		岗位人员轮换登记表
		员工工作轮换登记卡
		员工调动审批表
		内部调整通知单
		……
5	员工纪律与奖惩管理表单	员工奖惩建议申请表
		员工奖惩月报表
		员工奖励建议书
		员工违纪处罚单
		奖惩通知单
		纪律处分通知书
		奖惩登记表
		员工奖罚明细
6	薪酬福利管理表格	员工薪资登记表
		员工工资表
		员工调薪申请表
		薪资变动申请表
		职务薪金调整申请表
		薪金调整通知单
		员工抚恤申请表
		员工婚丧喜庆补贴申请表
		员工重大伤病补助申请表
		员工福利金申请表

续表

序号	管理模块	表格名称
7	绩效管理表格	绩效计划表
		部门绩效考核表
		员工工作业绩评估表
		员工绩效评述表
		客户评价与绩效记录表
		绩效面谈记录表
		员工绩效考核面谈记录表
		绩效评估沟通记录表
		绩效考核申诉表
		员工绩效评估申诉表
		……
8	劳动关系管理表格	员工劳动合同签收备案表
		劳动合同签订、变更登记表
		员工解除、终止劳动合同审批表
		劳动合同管理台账
		员工申诉书
		员工座谈会_____月问题改善跟进表
		总经理意见箱_____月改善跟进表
		员工意见箱_____月提报改善跟进表
		员工满意度调查问卷

四、用文本来支持

文本指的是企业在管理过程中用来记录信息、交流信息和发布信息的一种工具，通常包括公文、书信、契约、方案等。它是企业经营运作的信息载体，是贯彻企业执行力的重要保障性因素。规范严谨的商务文书，已经成为现代企业管理的基础而又不可或缺的内容。

企业文本的要求如下。

（1）明确文本的意图：从主观目标看客观目标。

（2）需要结构分明：有效划分层次和段落，巧设过渡和照应。

（3）组织材料要注意多、细、精、严。

（4）语言要确定。文本中不允许含糊不清、模棱两可的现象存在。比如，利润是企业经营的财务成果，但就"利润"一个单词，就有产品销售利润、营业利润、利润总额、净利润四个概念，每个概念都带有一个确定的含义、确定的计算公式，不能望文生义，自行推断解释。再如，在签订某机械产品购销合同时，对产品规格、质量标准、数量与金额、交货时间与地点、付款方式都必须写得明确具体，以利于履行。而不能像写电影剧本那样："表面光洁度——像玻璃一样光；硬度——像钢一样硬；交货时间——早春二月；交货地点——长江沿岸"等。

（5）内容要真实。文本的真实性则是所写的内容，包括人物、事件、时间、地点、数据等，都必须是实实在在的，完全是真实的，不容许虚构和捏造，来不得半点差错。

《人力资源管理实用流程·制度·表格·文本》一书为企业的人力资源管理提供了一些实用的文本范本供参考，具体包括以下5个方面，见下表。

实用的文本范本

序号	管理模块	文本名称
1	招聘录用文本	××××年度招聘方案
		体检通知书
		员工报到（变动）通知书
		员工录用（报到）通知书
		员工廉洁从业承诺书
		录用通知书
		员工保证书
		新进员工须知
		员工个人行为责任承诺书
		不可撤销担保书（出纳、仓管）
		不可撤销担保书（司机）
		员工试用期满通知书
		试用期转正通知书
		保密和竞业禁止协议
		内部推荐入职奖励方案
2	员工培训与发展文本	员工梯队培训方案
		培训服务协议书
		员工个人发展计划（适用新员工）
		个人发展计划书
3	考勤休假管理文本	关于年假的通告
		员工带薪年休假确认书

续表

序号	管理模块	文本名称
4	绩效管理文本	员工绩效考核指标调查问卷
		员工技能考核方案
5	劳动关系管理文本	签订劳动合同通知书
		劳动合同期满通知书
		员工离职通知书
		续订劳动合同通知书
		不签订无固定期限劳动合同确认书
		劳动合同变更协议书
		解除劳动合同证明书
		解除、终止劳动合同通知书
		终止（解除）劳动合同证明书
		离职证明

Part 1 人力资源管理流程

第1章　人力资源规划流程

1-01　人力资源需求调查流程

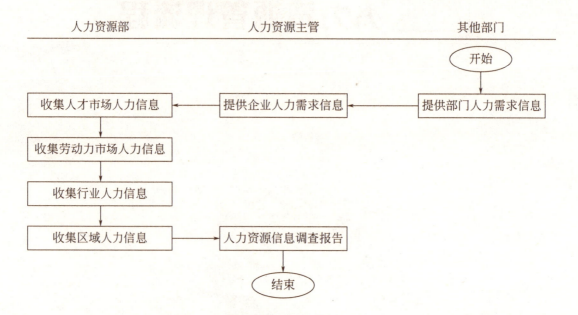

1-02　人力资源需求预测流程

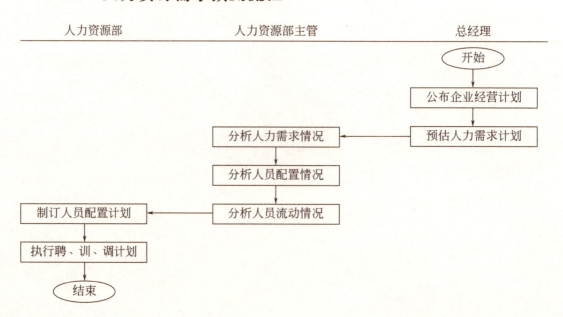

1-03　人力资源规划编制流程

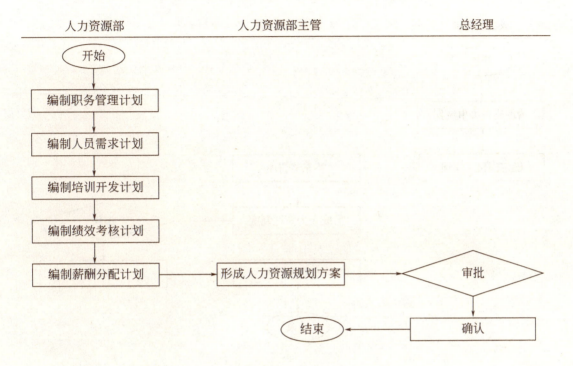

1-04　人力资源规划评估流程

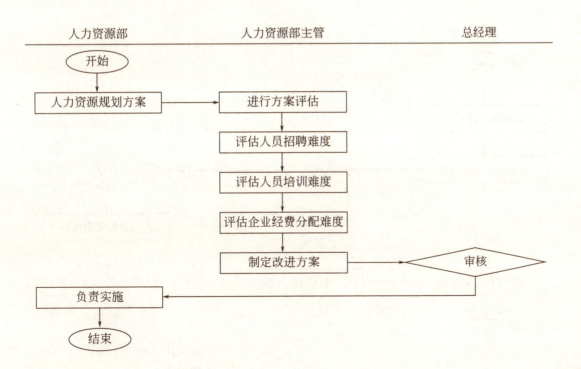

1-05 人力资源制度制定流程

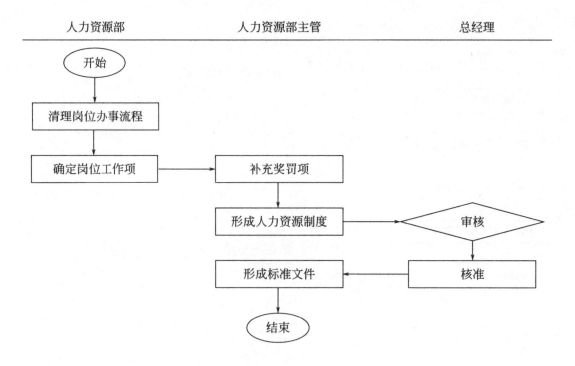

1-06 人力资源费用预算流程

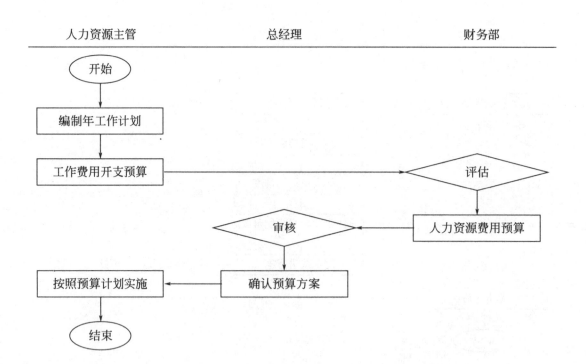

第2章　岗位分析流程

2-01　岗位分析准备流程

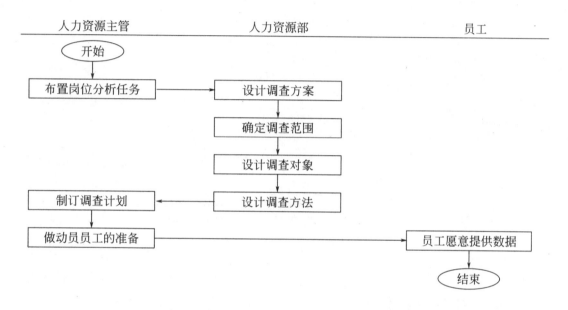

2-02　岗位分析调查流程

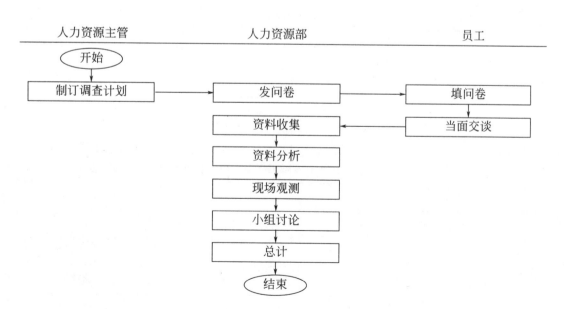

2-03　岗位分析执行流程

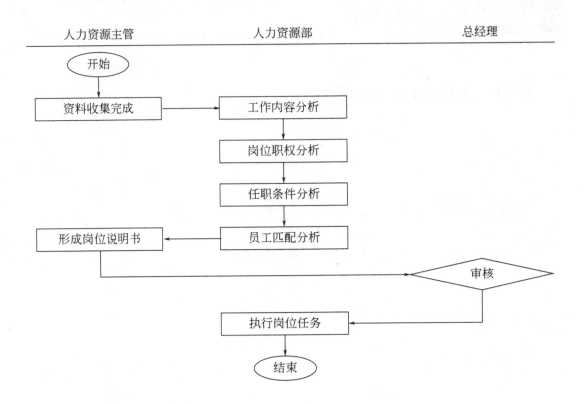

2-04　岗位分析反馈流程

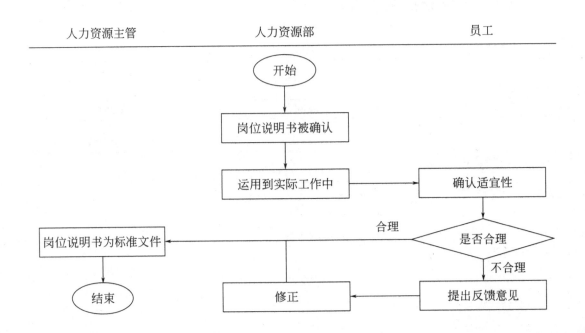

2-05　岗位说明书编制流程

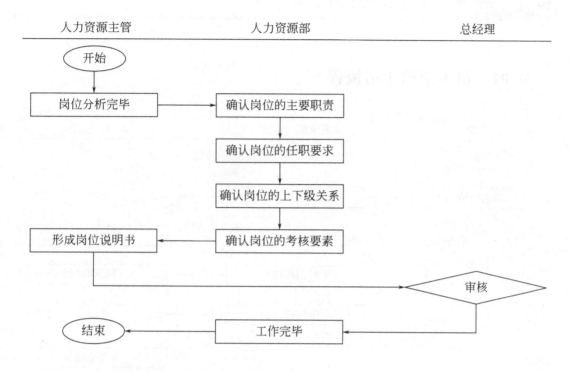

2-06　岗位说明书更新流程

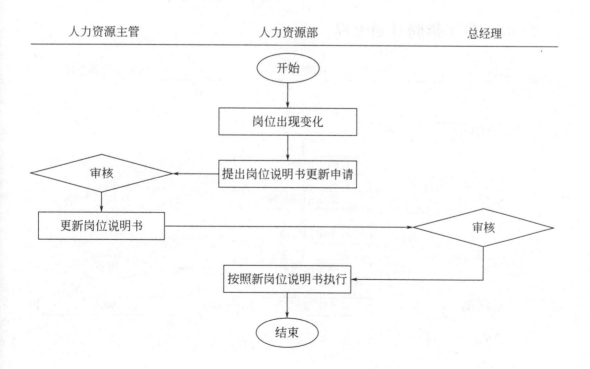

第3章 员工招聘与录用管理流程

3-01 员工招聘申请流程

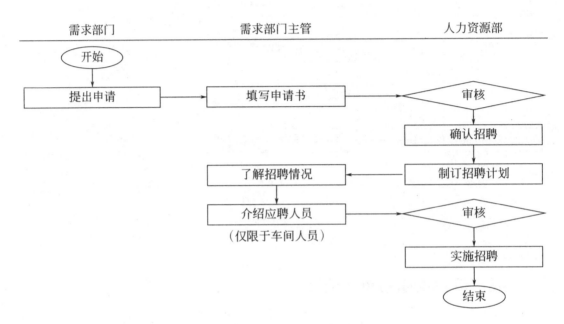

3-02 员工招聘计划流程

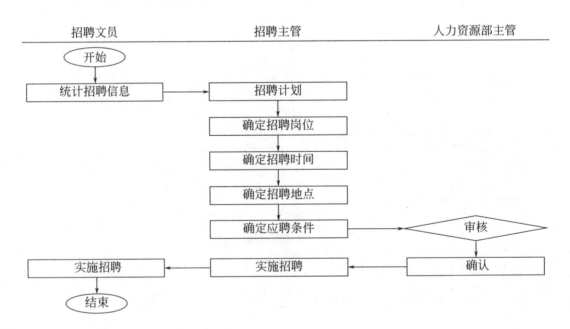

3-03　操作工招聘流程

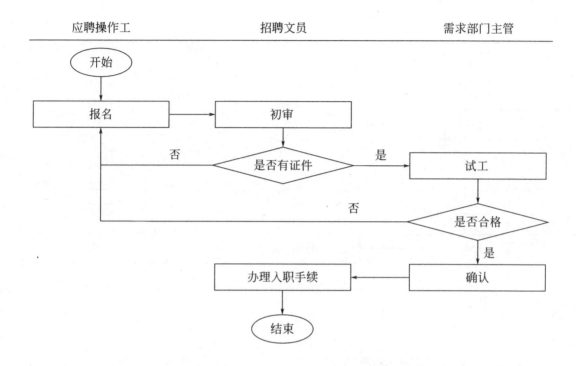

3-04　技术工招聘流程

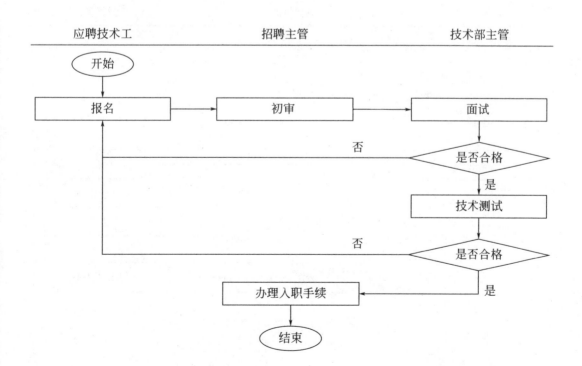

3-05 管理人员招聘流程

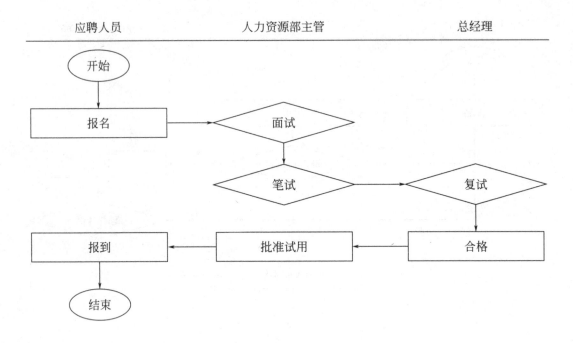

3-06 高层管理招聘流程

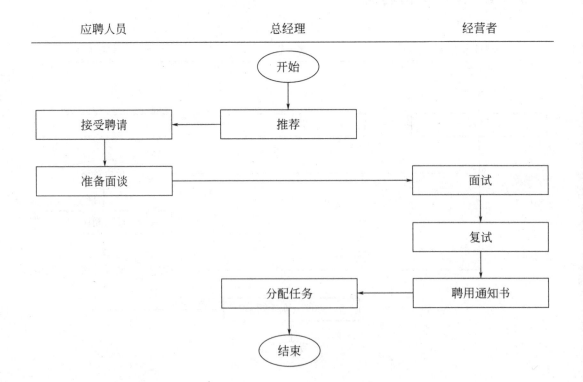

3-07 招聘效果评估流程

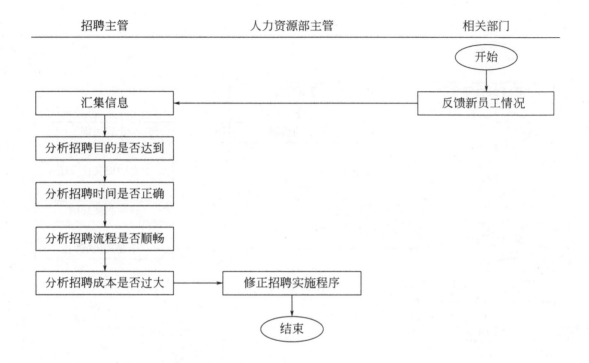

3-08 新员工报到流程

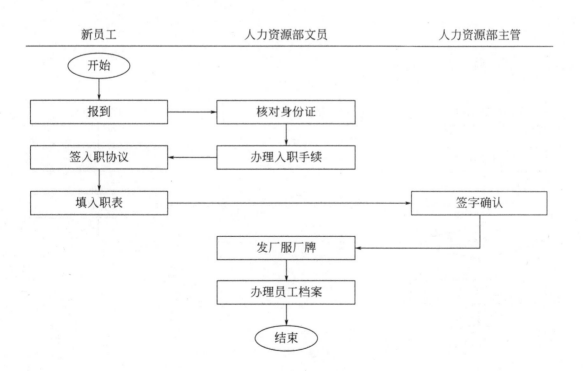

3-09 新员工入职培训流程

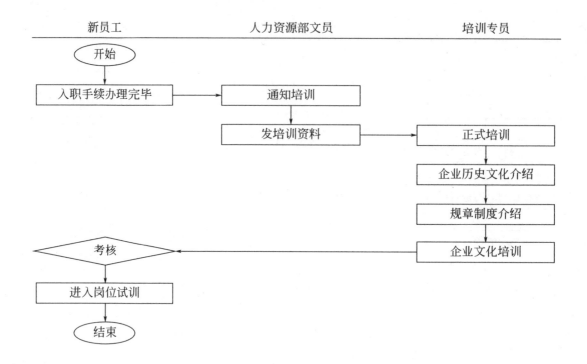

3-10 新员工岗位试用流程

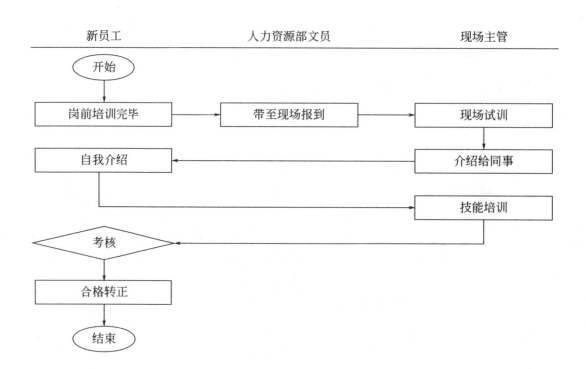

3-11 劳动协议签署流程

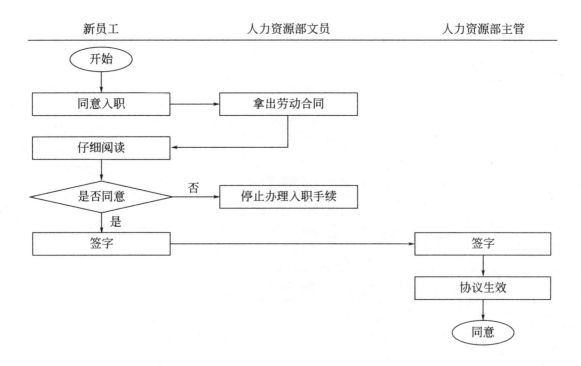

3-12 员工考核转正流程

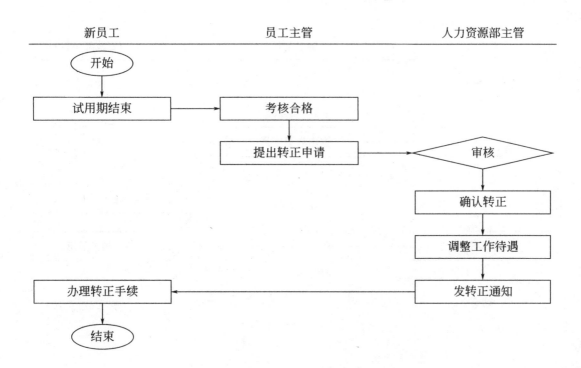

3-13 员工试用调整流程

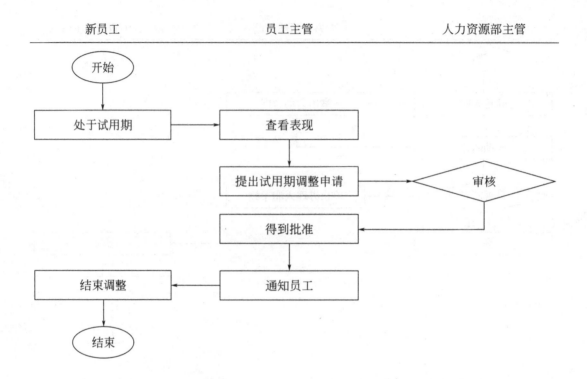

3-14 新员工辞退流程

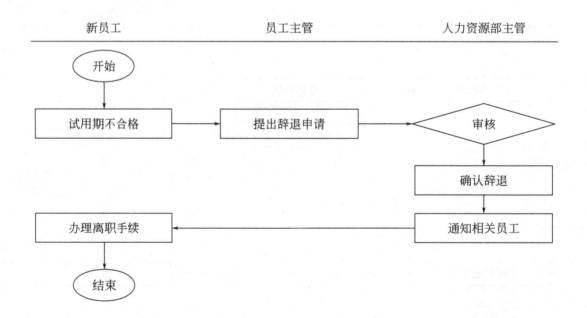

第4章 员工异动管理流程

4-01 员工升职作业流程

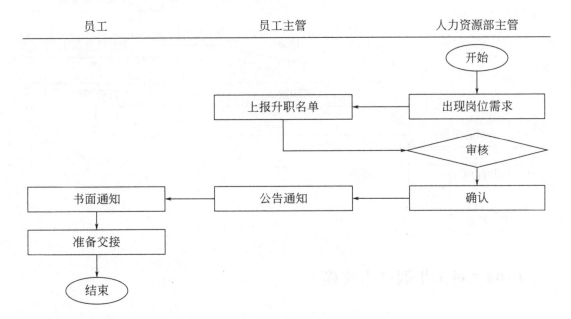

4-02 员工降职作业流程

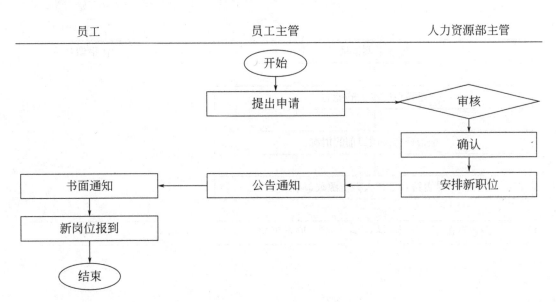

4-03　员工平调作业流程

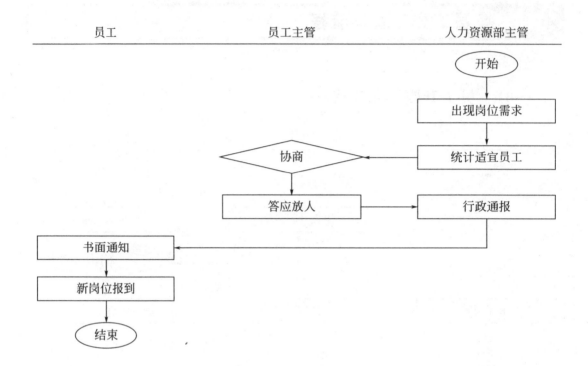

4-04　员工平调评审流程

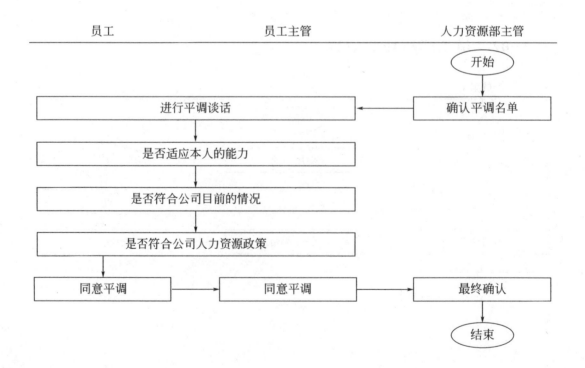

4-05　员工升职评审流程

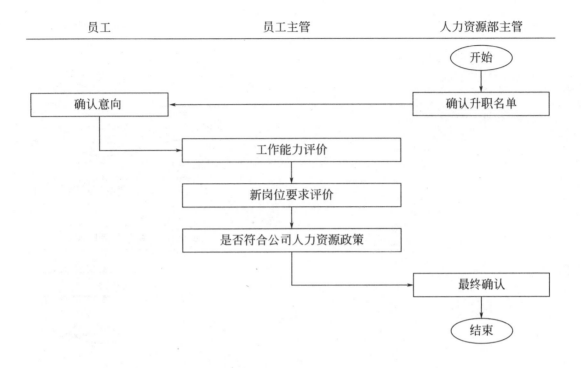

4-06　员工降职评审流程

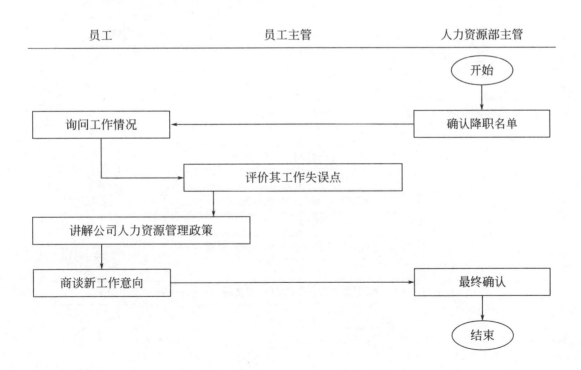

4-07　员工辞职申请流程

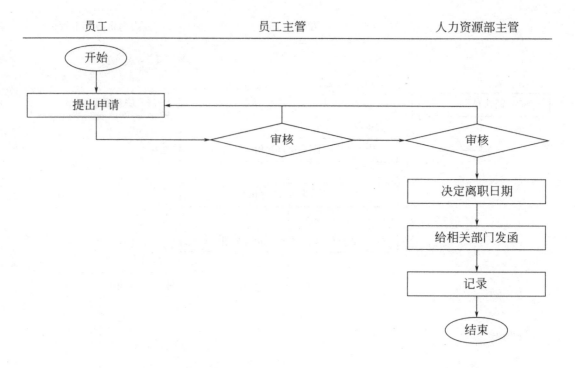

4-08　员工辞职谈话流程

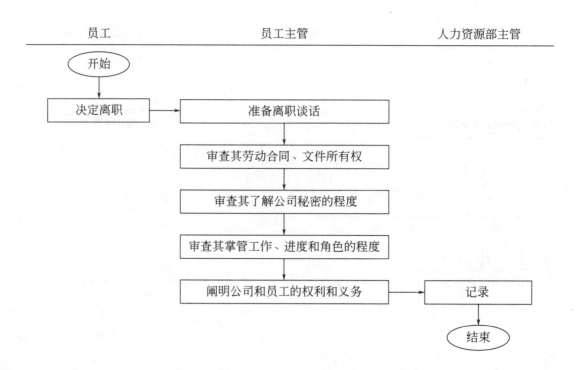

4-09　员工辞职交接流程

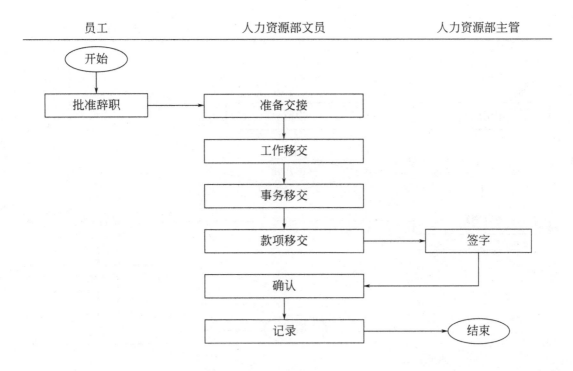

4-10　员工流失总结流程

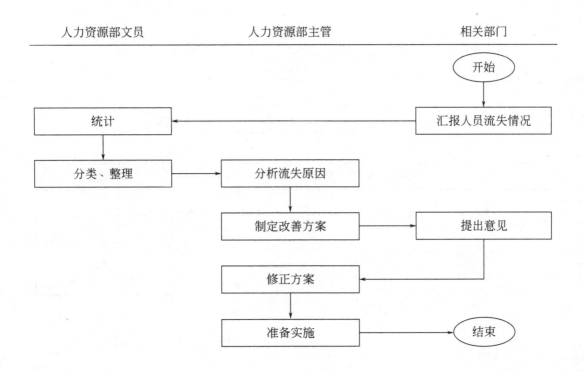

4-11　员工辞职挽留流程

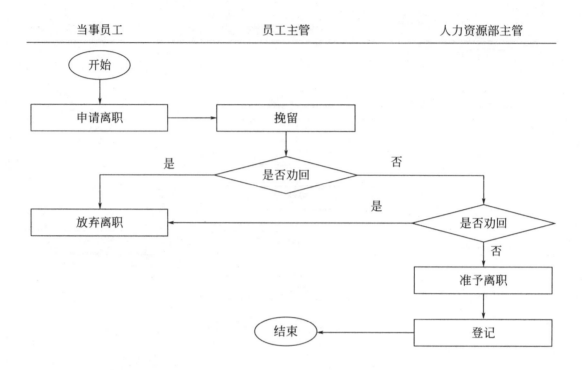

4-12　员工辞退确认流程

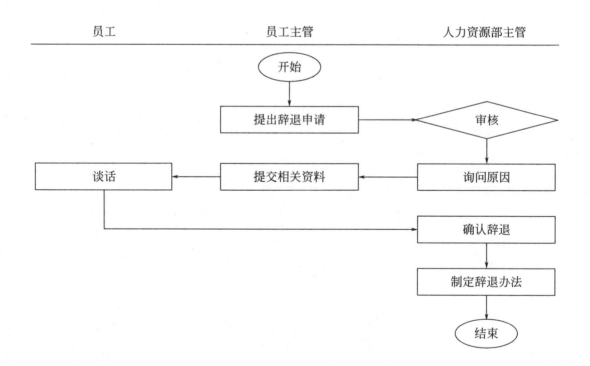

4-13　员工辞退谈话流程

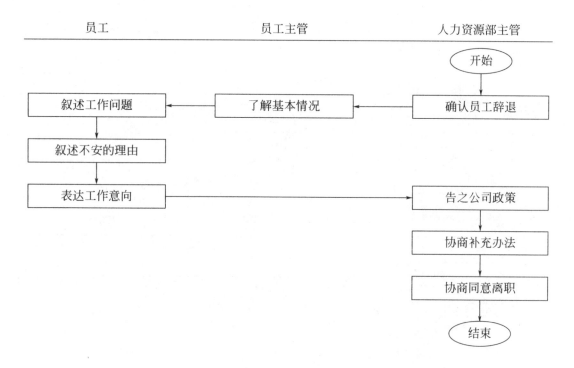

4-14　辞退员工申诉流程

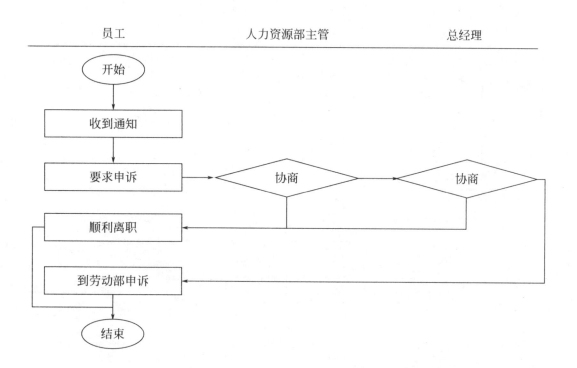

4-15 员工辞退补偿流程

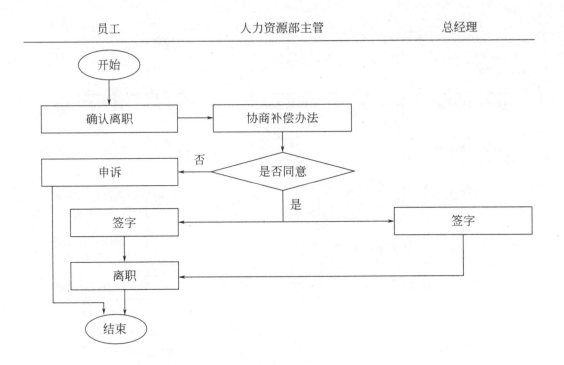

4-16 辞退员工统计分析流程

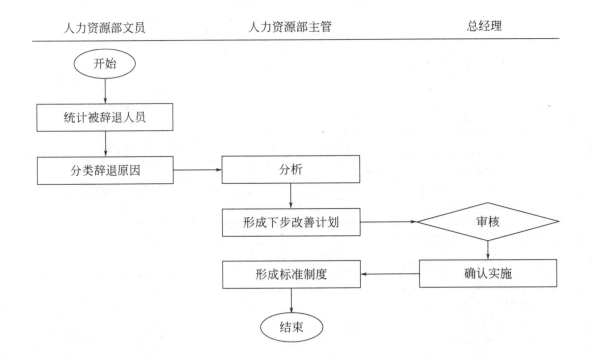

第5章 员工培训与发展管理流程

5-01 培训需求分析流程

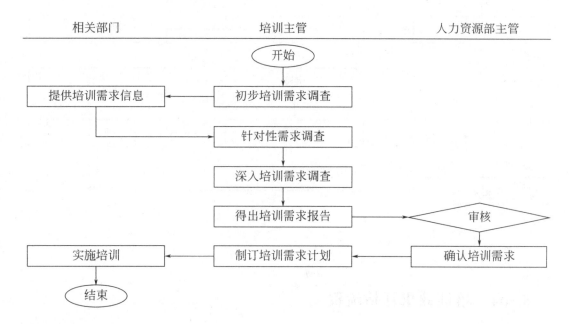

5-02 培训计划制订流程

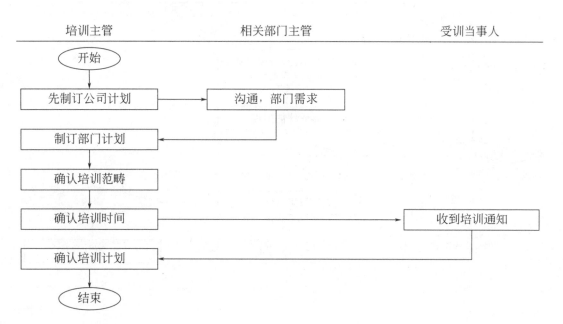

5-03 现场培训作业流程

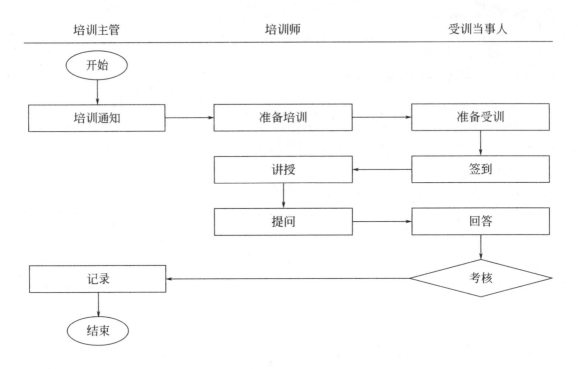

5-04 培训效果评估流程

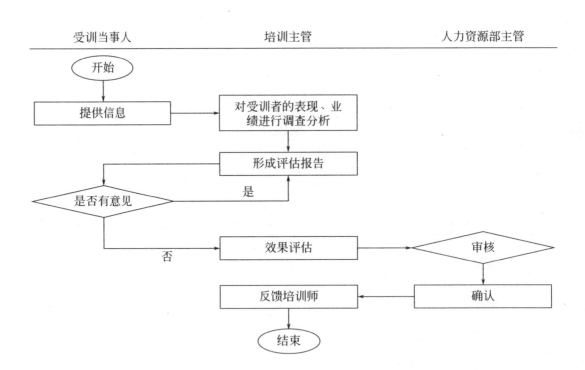

5-05 员工入职培训流程

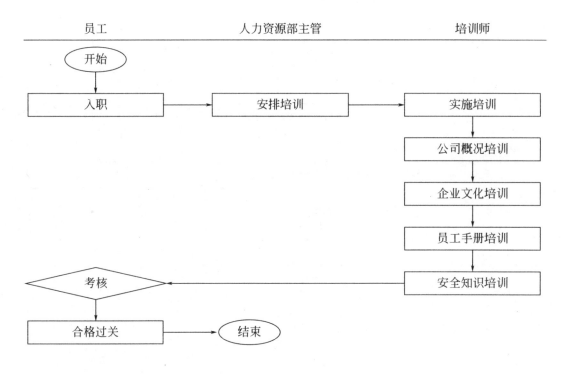

5-06 员工业务培训流程

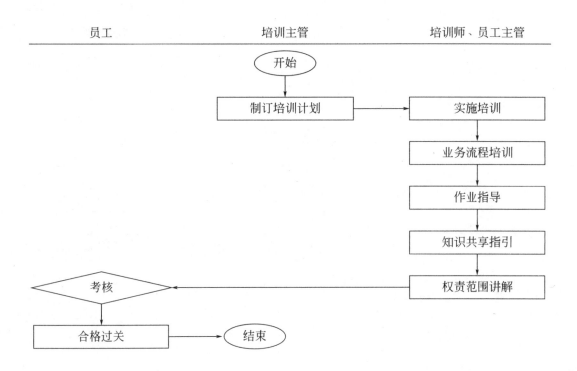

5-07 员工外派培训流程

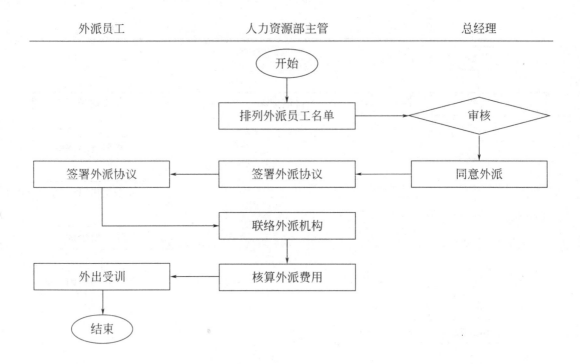

5-08 员工职业规划编制流程

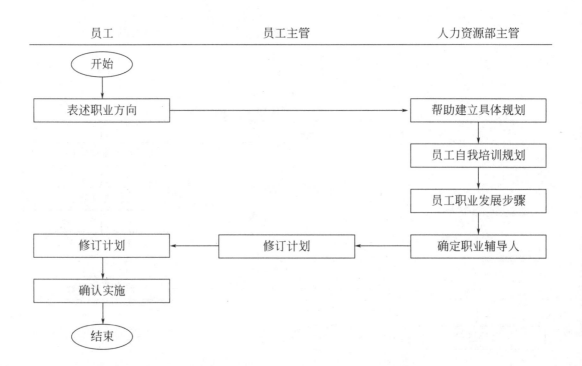

5-09　员工职业辅导流程

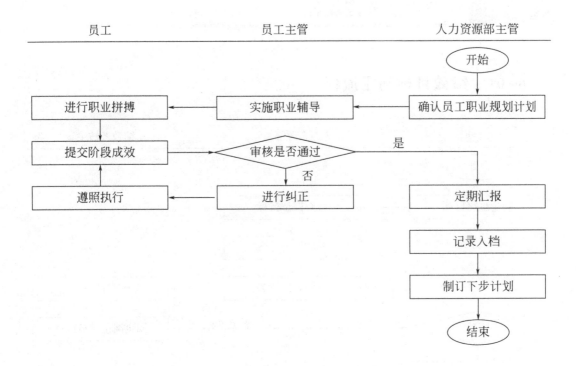

5-10　员工职业规划评估流程

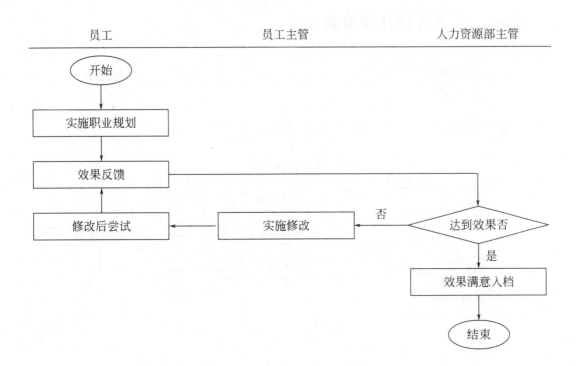

第6章 绩效考核管理流程

6-01 绩效目标制定流程

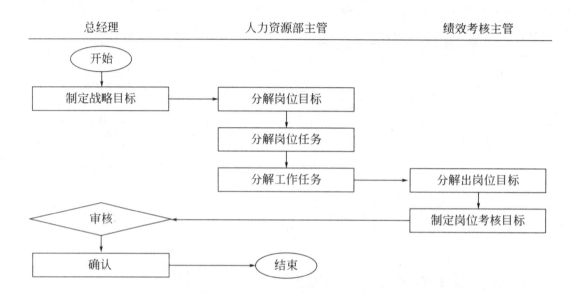

6-02 绩效考核计划编制流程

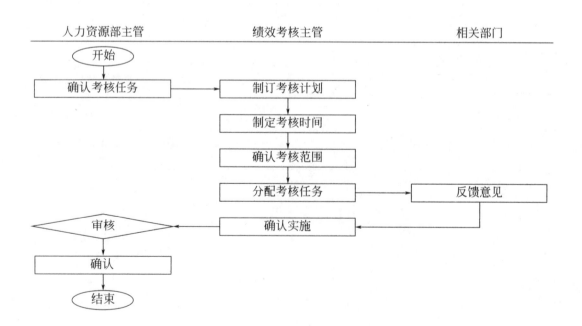

6-03　绩效标准制定流程

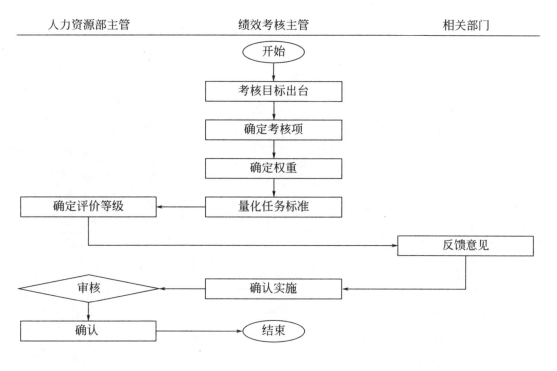

6-04　绩效辅导流程

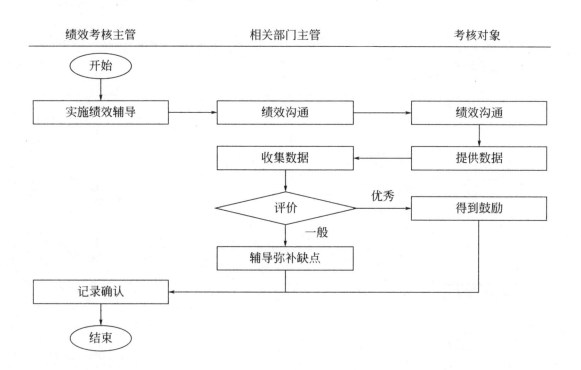

6-05　绩效考核评价流程

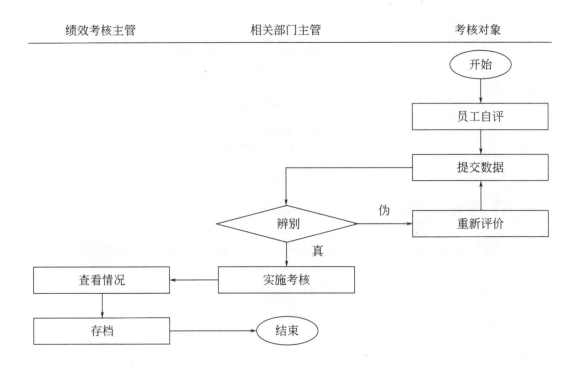

6-06　绩效面谈实施流程

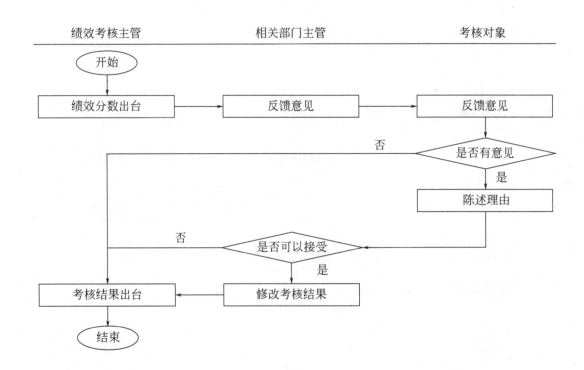

6-07 绩效改进作业流程

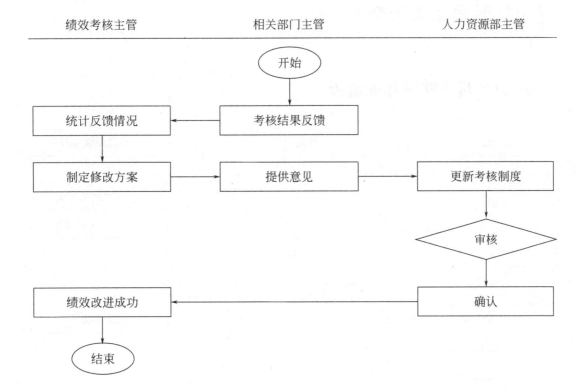

第7章 员工关系管理流程

7-01 员工奖励作业流程

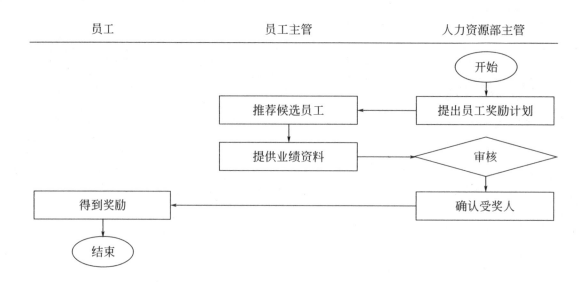

7-02 员工处罚作业流程

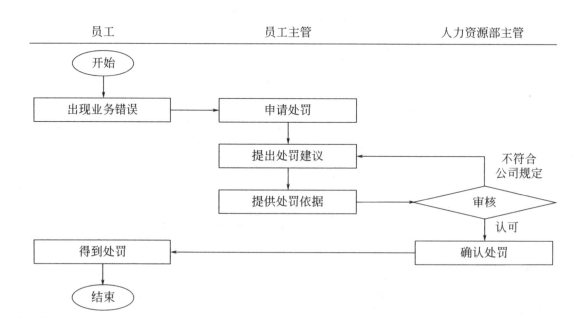

7-03　员工处罚申诉流程

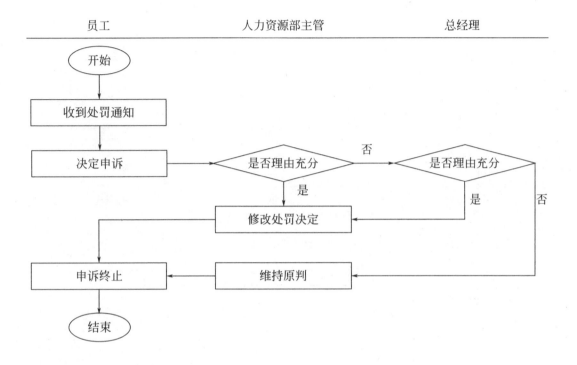

7-04　员工抱怨调查流程

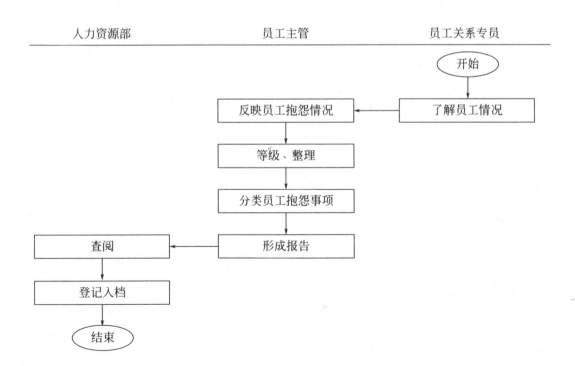

7-05　员工抱怨分析流程

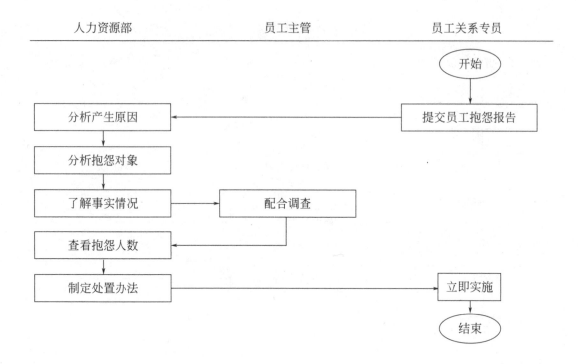

7-06　抱怨影响评估流程

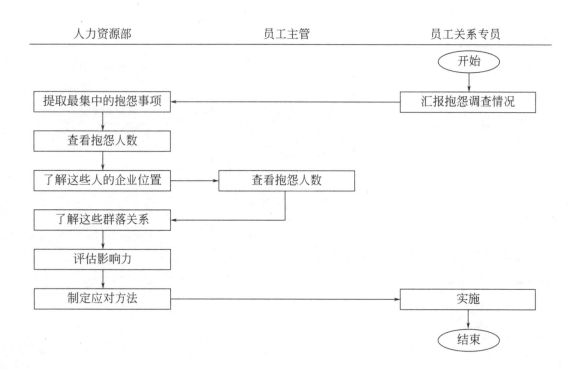

7-07 员工抱怨处理流程

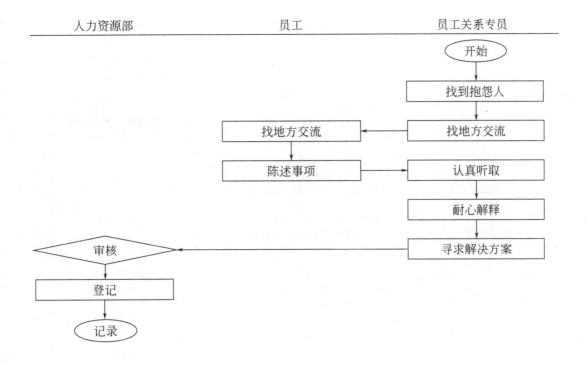

7-08 抱怨处理反馈流程

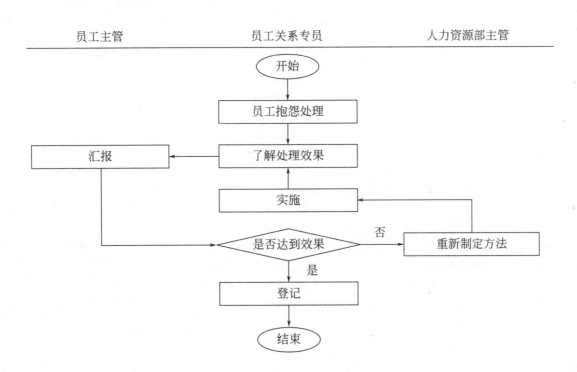

7-09 员工满意度调查作业流程

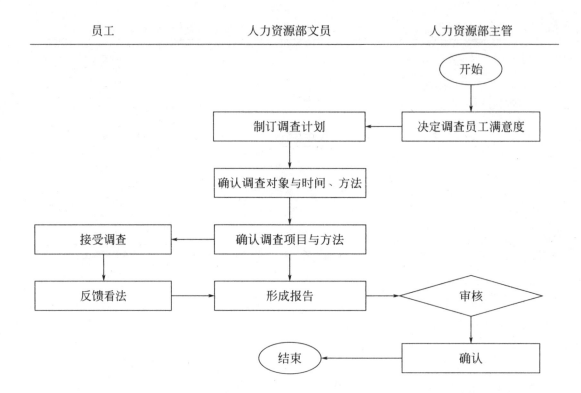

第8章 员工考勤与休假管理流程

8-01 考勤管理实施流程

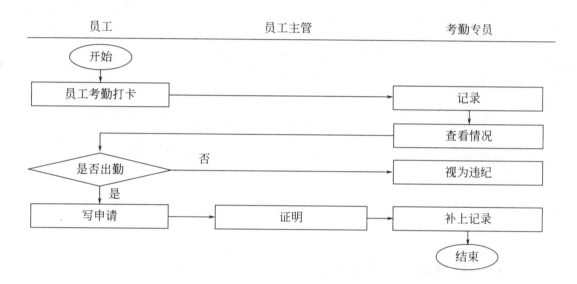

8-02 考勤情况统计流程

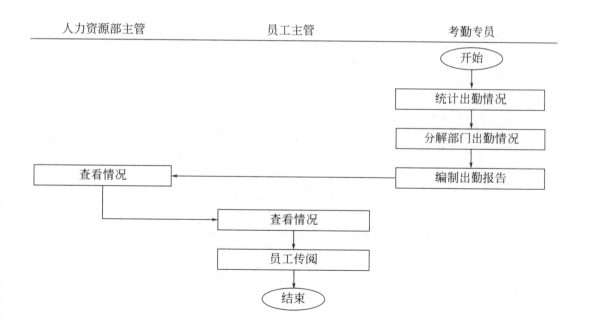

8-03　员工请假作业流程

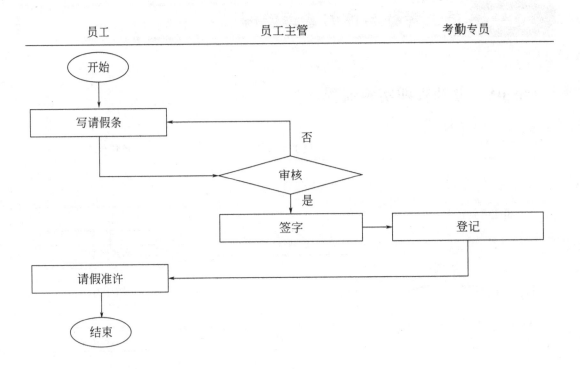

8-04　早退迟到处理流程

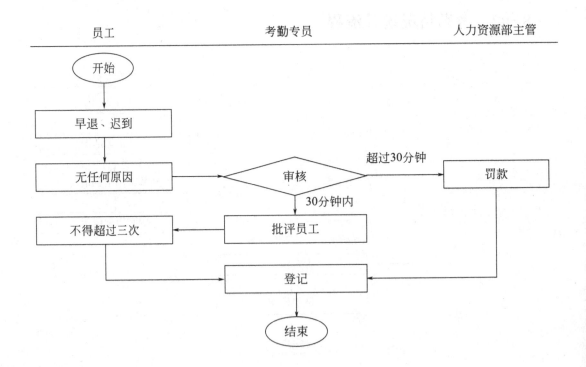

8-05 员工旷工处理流程

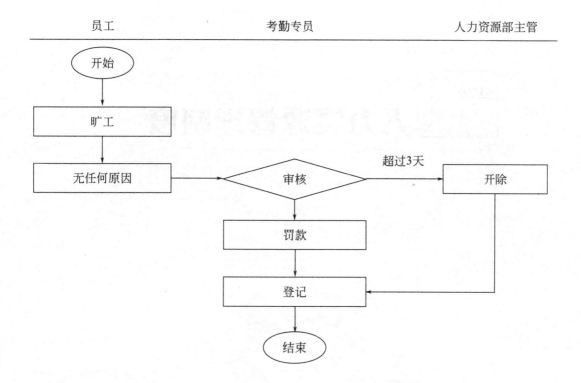

Part 2 人力资源管理制度

第9章　人力资源规划制度

9-01　人力资源规划管理制度

人力资源规划管理制度

1　目的

为了实现公司整体经营目标，使公司在持续发展中获得竞争力，为公司整体发展战略提供人力资源方面的保证与服务，特制定本制度。

2　适用范围

适用于公司对人力资源规划进行管理的相关事宜。

3　职责

3.1　公司人力资源部负责制定、修改人力资源规划制度，负责开发人力资源规划工具和方法，并且对公司各部门提供人力资源规划指导。

3.2　人力资源规划执行工作由公司人力资源部安排专职人员完成。各部门需向人力资源规划专员提供真实详细的规划信息，并及时配合人力资源部完成本部门需求的申报工作。

3.3　《××××年度人力资源规划书》需要经过各部门、人力资源部、公司总裁审核批准后方可生效执行。《××××年度人力资源规划书》由公司人力资源部作为重要机密文件存档。

4　方法和过程控制

4.1　人力资源规划环境分析。

4.1.1　人力资源部获取数据。

（1）公司人力资源部正式制定人力资源规划前，必须向各职能部门索要公司整体战略规划数据、企业组织结构数据、财务规划数据、市场营销规划数据、生产规划数据、新项目规划数据、各部门年度规划数据信息。

（2）整理企业人力资源政策数据、公司文化特征数据、公司行为模型特征数据、薪酬福利水平数据、培训开发水平数据、绩效考核数据、公司人力资源信息数据、公司人力资源部职能开发数据。

（3）人力资源规划专职人员负责从以上数据中提炼出所有与人力资源规划有关的数据信息，并且整理编报，为有效的人力资源规划提供基本数据。

4.1.2　公司人力资源部在获取以上数据的基础上，组织内部讨论，将人力资源规划系统划分为环境层次、数量层次、部门层次，每一个层次设定一个标准，再由这些不同的标准衍生出不同的人力资源规划活动计划。

4.1.3 公司人力资源部应制订《××××年度人力资源规划工作进度计划》，报请各职能部门负责人、公司人力资源部负责人、公司总裁审批后，知会公司全体。

4.1.4 公司人力资源部会根据公司经营战略计划和目标要求以及《××××年度人力资源规划工作进度计划》，下发《人力资源职能水平调查表》《各部门人力资源需求申报表》，在限定工作日内由各部门职员填写后收回。

4.1.5 公司人力资源部在人力资源规划环境分析阶段需要完成《人力资源流动成本分析表》《人力资源职位结构分类工具》《人力资源年龄结构分析工具》（部门—年龄维度）《人力资源年龄结构分析工具》（职位—年龄维度）《人力资源专业能力分析工具》（部门—专业维度）《人力资源专业能力分析工具》（职位—专业维度）《人力资源数量分析工具》（职位—数量维度）《人力资源数量分析工具》（部门—数量维度）《教育程度与人力资源成本分析工具》的填写工作，并且将以上表格工具获取的数据制作整理为EXCL数据或其他电子数据库形式。

4.1.6 公司人力资源部在收集完毕所有数据后，安排专职人员对以上数据进行描述统计分析，制作《××××年度人力资源规划环境描述统计报告》，由公司人力资源部审核小组完成环境分析的审核工作。公司人力资源环境分析审核小组成员构成如下。

（1）公司各部门负责人。

（2）公司人力资源部环境分析专员。

（3）公司人力资源部负责人。

4.1.7 公司人力资源应将审核无误的《××××年度人力资源规划环境描述统计报告》报请公司总裁层审核批准后方可使用。

4.1.8 在人力资源环境分析进行期间，各职能部门应该根据部门的业务需要和实际情况，在人力资源规划活动中及时全面地向公司人力资源部提出和人力资源有关的信息数据。公司人力资源环境分析工作人员，应该认真吸收接纳各职能部门传递的环境信息。

4.2 人力资源规划供给、需求预测。

4.2.1 《××××年度人力资源规划环境描述统计报告》经公司高级管理层批准同意后，由公司人力资源部人力资源规划预测人员对企业人力资源的需求和供给情况，结合企业战略发展方向，以及各部门经营计划、年度计划，运用各种预测工具，对公司整体人力资源规划的需求和供给情况进行科学的趋势预测统计分析。

4.2.2 人力资源规划预测的数据类型要求如下。

（1）表格数据。

（2）趋势线数据。

（3）数据结构图。
（4）数据解释说明。
（5）总类数据。
（6）分类数据。

4.2.3　公司人力资源部人力资源规划预测人员，对公司人力资源情况进行趋势预测统计分析后，制作《××××年度人力资源规划需求趋势预测报告》以及《××××年度人力资源规划供给趋势预测报告》，报请公司领导审核、批准。

4.3　人力资源供需平衡决策。

4.3.1　公司人力资源部负责人审核批准《××××年度人力资源规划需求趋势预测报告》以及《××××年度人力资源规划供给趋势预测报告》后，由公司人力资源部组建"公司人力资源规划供需平衡决策工作组"。

（1）公司人力资源规划供需平衡决策工作组成员构成如下。

——公司高层。

——公司各职能部门负责人。

——公司人力资源部。

（2）公司人力资源规划供需平衡决策工作组会议安排如下。

——实施A：人力资源规划环境分析和人力资源规划供需预测报告会议。

——实施B：人力资源规划供需决策会议。

4.4　制定人力资源规划书。

4.4.1　公司人力资源部在公司人力资源规划供需平衡决策工作组工作日程后，制定专员完成会议决策信息整理工作，并且制定《××××年度人力资源规划书制定时间安排计划》。

4.4.2　公司人力资源部召开制定人力资源规划的专项工作会议，会议内容如下。

（1）传达公司人力资源规划供需平衡决策工作组会议决策。
（2）描述公司人力资源总规划。
（3）商讨人力资源总规划，形成《人力资源总规划》（草案）。
（4）商讨人力资源配备计划，形成《人力资源配备计划》（草案）。
（5）商讨人力资源补充计划，形成《人力资源补充计划》（草案）。
（6）商讨人力资源使用计划，形成《人力资源使用计划》（草案）。
（7）商讨人力资源退休解聘计划，形成《人力资源退休解聘计划》（草案）。
（8）商讨人力资源培训计划，形成《人力资源培训计划》（草案）。
（9）商讨人力资源接班人计划，形成《人力资源接班人计划》（草案）。
（10）商讨人力资源绩效管理计划，形成《人力资源绩效管理计划》（草案）。
（11）商讨人力资源薪酬福利计划，形成《人力资源薪酬福利计划》（草案）。
（12）商讨人力资源劳动关系计划，形成《人力资源劳动关系计划》（草案）。

（13）评审公司人力资源部职能水平，决策公司人力资源部战略方向。

（14）商讨公司人力资源部职能水平改进计划，形成《人力资源部职能水平改进计划》(草案)。

（15）分配人力资源规划各个具体项目的实施单位或工作人员。

4.4.3 公司人力资源部指派专人汇总全部人力资源规划具体项目计划，编制《××××年度人力资源规划书》，报经公司人力资源部全体职员核对，报经公司各职能部门负责人审议评定，交由公司人力资源部负责人审核通过，报请公司总裁批准。

4.4.4 公司人力资源部负责组织实施《××××年度人力资源规划书》内部职员沟通活动，保障全体职员知晓人力资源规划的内容，以期保障人力资源规划实施的顺利进行。

4.4.5 公司人力资源部应该将《××××年度人力资源规划书》作为重要机密文件存档，严格控制节约程序，并将《××××年度人力资源规划书》的管理纳入公司有关商业机密和经营管理重要文件的管理制度。

9-02 企业组织管理制度

企业组织管理制度

1 目的

为了规范企业组织的运作，特制定本制度。

2 适用范围

适用于公司对组织的相关管理。

3 组织

3.1 公司在董事会下设总经理一名、副总经理及其他高级管理人员若干名、董事会秘书一人。

3.2 公司在必要时可设置各种委员会或专门办公室。

4 部门职责

4.1 行政部。

4.1.1 负责公司的文秘、档案、安全保卫、绿化、环保等工作。

4.1.2 负责员工卫生健康防护、劳动防护用品发放、车辆管理、房屋财产管理、厂区环境清洁及维护、办公设施及办公用品管理。

4.1.3 负责部门间的协调。

4.1.4 负责商标管理、各种证件的办理。

4.1.5 负责公司的接待工作。

4.2 人力资源部。

4.2.1 负责员工的招聘、劳动合同管理、考勤、工资审核、员工保险、人力资源档案的管理、员工的考评、员工的解聘。

4.2.2 负责培训的组织实施。

4.2.3 负责各部门、分（子）公司绩效考核方案的起草，并督促、协助工作计划的完成，组织进行绩效考核。

4.2.4 负责督促下属公司、部门制定与公司相一致的各项管理制度、考核方案，并协调各部门的工作关系。

4.2.5 负责公司的对外宣传、内部刊物的编制。

4.2.6 负责一些具体事务的督查。

4.2.7 负责对分（子）公司人力资源管理的指导。

4.3 财务部

4.3.1 负责公司日常的财务管理和会计核算工作，建立健全企业内部财务管理制度和财务体系。

4.3.2 负责编制各部门、分公司、子公司财务成本计划、成本分析、成本核算、利润计划，及考核工作。

4.3.3 负责公司资金管理、资产管理工作。

4.3.4 负责严格财务管理，审批各种发票、单据，加强财务监督。

4.4 审计部。

4.4.1 负责对全公司及下属各企业、部门的财务收支及经济活动进行审计、监督；负责审查各企业、部门经理任期目标和责任目标完成情况。

4.4.2 负责审查各企业、部门的财务账目和会计报表。

4.4.3 负责对经理人员、财会人员进行离任审计。

4.4.4 负责对有关合作项目和合作单位的财务审计。

4.4.5 协助各有关企业、部门进行财务清理、整顿、提高。

4.5 证券投资部。

4.5.1 负责保持与证券监督管理部门、证交所及各中介机构的联系。

4.5.2 分析证券市场的变化，及时、规范地披露信息。

4.5.3 负责股权管理和分红派息工作。

4.5.4 筹备股东大会、董事会、监事会，负责股东的接待工作。

4.6 营销部。

4.6.1 负责企业产品市场开发、产品销售和产品的售后服务工作。

4.6.2 组织进行市场调研，收集市场信息，分析市场动态，制定市场销售策略，确定主要目标市场、市场结构和销售方针，供公司决策参考。

4.6.3 负责货款的催收。

4.6.4 负责客户档案的建立、管理，负责将订单合理分配到相关事业部。下设销售部和外贸部。

（1）销售部主要负责国内市场的开拓和业务发展。

（2）外贸部负责公司进出口贸易、对外事务、外事联络、资料翻译等工作。对各分（子）公司的业务进行宏观调控。

4.7 采购部。

4.7.1 负责原辅材料的采购，负责收集市场物资供应信息，掌握市场价格变化。

4.7.2 负责供方的选择、考核、评估。

4.7.3 负责进料质量、数量异常的处理。

4.7.4 负责原材料等物资的接收、保管、发放。

4.7.5 负责掌握物流情况，组织实施产品运输工作。

4.7.6 负责各生产部门、子公司原辅材料的统筹调配；对各子公司的主要物料采购进行宏观调控。

4.8 技术部。

4.8.1 负责公司新产品、新技术、新工艺、新材料的开发应用。

4.8.2 负责新产品售后的技术服务工作。

4.8.3 负责国内外行业技术动态和科技成果的收集、分析、应用。

4.8.4 负责新项目、新成果的申报。

4.8.5 负责研究开发档案的管理。

4.8.6 负责原辅材料、产成品等检验和过程控制；负责会同有关部门对客户质量投诉的处理；执行质量管理的各项活动。

4.8.7 提交质量分析报告。下设技术部和质管部。

4.9 生产管理部。

4.9.1 负责公司生产计划管理、设备管理；合理组织生产。

4.9.2 负责生产部门人员的考核、培训、薪酬方案制定及分配。

4.9.3 负责产品的改进、设备的改造；对重大质量波动进行分析和处理。下设彩印包装制造部、医药包装制造部、食品包装制造部、包装材料制造部、设备动力部。

5 编制

5.1 公司各部门可根据业务工作繁简程度配备管理员、技术员若干人。

5.2 公司如因业务需要，可另聘任顾问和有关专业人员若干人。

9-03　公司权责划分制度

公司权责划分制度

1　目的

为公司明确划分各层人员的权责，加强管理，提高工作效率，特制定本办法。

2　适用范围

适用于整个企业的组织管理。

3　组织办法

3.1　将所有事项分为共同及个别两部分，再将共同事项划分为幕僚单位及直线单位两部分，以资简化。

3.2　各部门的权责都必须按照职务说明书执行，不可借辞推诿。实施时，如遇困难或特殊事件发生，需向上一层人员请示后处理。

3.3　各层人员依本制度的规定办理后，如需向其上层人员报告时，仍需以书面或口头报告。

3.4　本办法采用列举方式。

3.4.1　其未列举的事项，如已在本公司的各项规章、办法或其他规定中有所规定的，照其中规定办理。

3.4.2　无规定者，可由一级单位主管（即幕僚及直线各单位的经理）酌情办理。设有协理职位的直线单位，其权责划分表另行制定。

3.5　任意事项，涉及两个以上单位的职责者，应送各有关单位会核后处理。

3.6　有关目标、政策、计划、标准及重要人力资源事项，应经经营会议商讨后，呈请董事长核定。

3.7　本办法规定的事项，可视事实需要随时修订。

3.8　本办法经呈请董事长核准并公布后施行，修订时也同。

第10章 招聘与录用管理制度

10-01 员工招聘管理办法

员工招聘管理办法

1 目的

为满足公司持续、快速发展的需要，规范员工招聘流程，健全人才选用机制，特制定本办法。

2 适用范围

适用于公司所有职位的招聘管理。

3 权责

3.1 人力资源部职责

3.1.1 制定公司中长期人力资源规划。

3.1.2 制定、完善公司招聘管理制度，规范招聘流程。

3.1.3 核定公司年度人力需求，确定人员编制，制订年度招聘计划。

3.1.4 分析公司人员职位职责及任职资格，制定并完善职位说明书。

3.1.5 决定获取候选人的形式和渠道。

3.1.6 设计人员选拔测评方法，并指导用人部门使用这些方法。

3.1.7 主持实施人员选拔测评，并为用人部门提供录用建议。

3.1.8 定期进行市场薪酬水平调研，核定招聘职位薪酬待遇标准。

3.1.9 提供各类招聘数据统计及分析。

3.2 用人部门职责

3.2.1 编制部门年度人力需求计划，提出正式人力需求申请。

3.2.2 协助人力资源部做好对职位职责和任职资格的调查分析。

3.2.3 参与候选人专业技术水平测评。

4 管理规定

4.1 招聘原则

公司招聘坚持公开招聘、先内后外、平等竞争、人岗匹配的原则。

4.2 招聘流程管理

4.2.1 确定招聘需求。

（1）各部门根据本年度工作发展状况和公司下一年度的整体业务计划，拟订年度人力资源需求计划，于每年年底报人力资源部。

（2）人力资源部根据公司年度发展计划、编制情况及人力资源需求计划，制定年度招聘计划及费用预算，报公司总经理审批。

（3）各部门提前一个月申报人力需求，填写"人力资源需求申请表（增员）"或"人力资源需求申请表（补员）"。

——"人力资源需求申请表（增员）"适用范围：增设职位；原职位增加员工数量；储备人才。

——"人力资源需求申请表（补员）"适用范围：员工离职补充、调动补充。

（4）招聘需求审批权限表（见下表）。

招聘需求审批权限表

需求职位性质	提出	审核	批准
增员	部门负责人	人力资源部经理	总经理办公室
补员	直接主管	部门负责人	总经理办公室

（5）提出"人力资源需求申请表（增员）"的招聘职位，人力资源部进行工作分析和招聘难度分析。

（6）人力资源部根据人力需求，制订招聘计划和具体行动计划。

4.2.2 确定招聘形式。人力资源部根据公司现有人力资源状况，确定内部招聘或外部招聘，合理、有效地配置人力资源。

4.2.3 选择招聘渠道。人力资源部根据职位和等级的不同选择有效的招聘渠道组合，主要渠道有以下6种。

（1）员工推荐。

（2）媒体招聘。

（3）现场招聘。

（4）校园招聘。

（5）猎头公司。

（6）公司人才库。

4.2.4 确定候选人。人力资源部在收到应聘资料后，对应聘者进行初步筛选后发出"面试通知"，确认初试人选和时间后，通知用人部门做好面试准备。

4.2.5 甄选。

（1）人力资源部负责建立涵盖测评方式、测评指标、测评内容及测评小组的人才测评体系，并负责在实际工作中不断加以丰富和完善。

（2）测评小组由招聘负责人、用人部门负责人组成，对于重要管理人员和技术人员的招聘，可邀请外部专家和公司高层领导参加，一般由3～5人组成，负责对候选人的测评。

（3）人力资源部和用人部门应根据拟招聘职位的任职资格要求进行测评。

（4）甄选包括初试和复试。

4.2.6 初试。

（1）初试程序。确定初试内容（面试或笔试）→确定初试时间→通知候选人→进行初试→评定初试结果。

（2）初试内容。

——笔试：候选人参加由人力资源部拟订试题的素质测试，主要考核对方逻辑推理能力、思维能力、空间想象能力、观察力等。

——面试：主要了解对方求职动机、职业道德、家庭背景、学历背景、工作经历等基本信息。

（3）通过初试，招聘专员审查候选人是否具备该职位必备的素质条件及与企业文化的相融度，并在"面试评价表"中填写人力资源部初试意见。

4.2.7 复试。通过初试的候选人必须参加由用人部门主持的复试，复试形式主要有面试、笔试。通过复试，测评人主要考核其专业知识、专业能力、必备技能等，以审查是否能够胜任职位要求，并在"面试评价表"（见下表）中填写用人部门意见。

面试评价表

招聘人员层级	复试人员	录用	
		审核	批准
副总级	总经理办公室		总经理
公司经理级	人力资源部经理、部门经理		总经理办公室
主管级	各部门经理、招聘专员		人力资源部
员工	直接主管、招聘专员	各部门经理	人力资源部

4.2.8 录用。

（1）甄选结束后，测评小组成员就甄选情况进行综合讨论及评定，确定候选人最终排名，提出初步录用意见。

（2）对拟录用人员作背景调查。

（3）应聘人员的"录用决定"按权限由领导签署后，人力资源部负责通知员工报到。

（4）对于有意向录用的人选，由人力资源部以邮件或电话的形式发出"员工录用通知"，并参加指定医院、指定项目的入职体检。

（5）人力资源部确定意向录用人员报到时间后，填制"拟录用员工信息汇总表"，通知相关部门做好新员工入职前准备工作。

4.2.9 聘用。经批准录用人员须按公司规定的时间统一到人力资源部报到，办理入职手续。

（1）报到需提供的材料如下。

——身份证原件及复印件一份。

——学历证原件及复印件一份。

——资格等级证书原件及复印件一份。

——1寸免冠近照两张。

——体检报告单。

——与原单位离职证明或解除劳动合同证明。

应聘人员必须保证向公司提供的资料真实无误，若发现虚报或伪造，公司有权将其辞退。

（2）人力资源部引导新进人员根据"新员工入职手续清单"办理入职。

10-02　新员工试用期管理制度

新员工试用期管理制度

1　目的

为了规范新员工的试用期管理，特制定本制度。

2　适用范围

适用公司对所有新入职员工的管理。

3　权责

人力资源部负责新员工的试用期管理。

4　制度内容

4.1　入职适应

新员工入职手续办理成功后，进入5个工作日的适应期（含职前培训期，不含节假日）。在此期间如本人提出辞职或由于不合适岗位要求而给予辞退的，企业不给予计薪。

4.2　试用期限

4.2.1　适应期合格者进入试用期，员工试用期一般为3个月（从入职第一天开始）。

4.2.2　有突出表现者可申请提前转正，试用期最少1个月。

4.2.3　试用期结束，不能达到工作要求，部门负责人有权延长其试用期，但最长不得超过6个月。

4.2.4　特殊人才经部门执行总经理级以上领导批准方可免予试用期。

4.3 试用期劳动合同

新员工适应期合格当日，在双方协商一致的情况下，签订试用期劳动合同，共同遵守合同所列的条款。

4.4 试用期跟进

4.4.1 沟通跟进。试用期间，人力资源部和部门主管要与新入职的员工进行沟通，及时了解新员工在企业工作的感想、存在的困难，以及需要寻求的帮助、支持和思想动态等情况。

4.4.2 跟进的时间和依据。人力资源部须对新进人员进行跟进，跟踪时间分别在新员工入职的一周、两周、一月，由新员工和部门主管填写《新员工跟进表》，该表作为新员工转正考核的依据之一。下属机构四级管理级以上的新员工跟进情况须上报总部人力资源部。

4.5 试用期责任事项

试用期新员工和各部门的责任事项具体见下表。

试用期责任事项

序号	新员工		人力资源部		部门主管	
	事项	时限	事项	时限	事项	时限
1	参加职前培训	根据安排	企业文化介绍	入职前三天	业务培训	根据实际情况
2	阅读《员工手册》	入职一周	制度考核	入职十天内	—	—
3	编写工作日志	每个工作日	工作日志检查	每下周一	工作日志汇总检查	每周六
4	描述工作职责	入职一周内	工作职责描述检查	入职十天内	目标分解、工作分配、工作指导	入职一周内
5	填写《新员工跟进表》	入职一周、半月	新员工跟进	入职一周、半月、两月	试用期考核	入职一月、二月
6	对企业各方面提出意见与建议	入职十五天内	意见收集、汇总、上报	每个月	—	—
7	提出问题	平常	新员工沟通	平常	新员工沟通	平常

4.6 试用期离职

4.6.1 辞退。试用期间新员工若有严重违规行为或能力明显不足，应立即停止试用，由其部门负责人填写《员工离职申请表》，陈述事实与理由，报送所在企业人力资源部审核；审核通过后，由人力资源部向被拟辞退员工发出《离职通知书》，同时其部门负责人与人力资源部分别与其做沟通，后通知本人办理离职手续（详见员工离职管理制度相关规定）。

4.6.2 辞职。

(1) 辞职员工要求。试用期间新员工若要辞职,提前三天向部门负责人提出辞职申请,填写《员工离职申请表》,陈述原因,报人力资源部。

(2) 人力资源部的责任。人力资源部与其部门负责人应分别与其做沟通,了解员工真正离职的原因,了解其在生活和工作中存在的困难并给予帮助与支持,竭力挽留员工的流失。若沟通无效,报企业权限领导审批后办理离职手续(详见员工离职管理制度相关规定)。

4.7 试用期变更

4.7.1 凡需缩短或延长试用期限,其部门负责人应详述原因及理由。

4.7.2 总部全体员工和下属机构四级管理(含)以上人员和特殊技术人员的试用期变更,须经总部人力资源部和执行总经理审核后办理手续。

4.7.3 下属机构其他新人员报所在企业人力资源部审核即可。

10-03 员工试用期考核办法

员工试用期考核办法

1 目的

为了完善现有的考评体系,明确公司的价值导向,不断增强公司的整体核心力,特制定本办法。

2 适用范围

适用于公司对所有新入职员工的考核管理。

3 权责

3.1 新员工的职业道德、文化素质、职业潜力由人力资源部考核。

3.2 新员工的业务技能、业务素质由入职部门考核。

3.3 部门经理以上人员的业务技能、业务素质由总经理考核。

4 考核原则

4.1 实事求是原则。考核要以日常管理中的观察、记录为基础,定量与定性相结合,强调以数据和事实说话。

4.2 区别对待原则。相对于正式员工的绩效改进考核而言,对试用期员工的考评是综合考评,需要对其任职状况、劳动态度和工作时效做全面的评价。

4.3 考、评结合原则。对于试用期员工的考核由日常的月度考核、试用期结束的评议与个人试用期总结报告相结合的方法进行综合评价,力求客观、公正、全面。

4.4 效率优先原则。

4.4.1 对于考核结果证明不符合录用条件或能力明显不适应工作需求、工作缺乏责任心和主动性的员工要及时按规定终止试用期，解除劳动关系。

4.4.2 管理者未按公司规定而随意辞退员工或者符合公司辞退条件而未及时提出辞退建议，致使造成不良后果或不良影响的，相关人员要承担相应的责任。

4.5 考核重能力、重潜力，业绩为辅助考核条件，考核标准尽可能量化。

5 考核形式、周期

5.1 试用期员工的考核分月度考核（根据实际情况而定）、试用期结束的评议与个人试用期总结报告三种形式。月度考核每月进行一次，试用期结束评议与个人试用期总结报告，原则上在试用期结束时，通过笔试、答辩等方法进行。

5.2 考核期限根据岗位性质、合同期限一般为1～6个月，特殊情况下也可缩短，但至少应有一个月考核期（如果试用期为一个月的，考核采取试用期结束评议与个人试用期总结报告的形式操作）。

6 考核内容

6.1 试用期员工月度考核要素为工作态度、作业能力、工作绩效三大项。

6.2 试用期结束考核结合岗位要求，全面考评员工试用期间的任职资格，如品德、素质、能力、绩效、经验。

6.3 个人试用期的总结报告主要是个人在试用期间的应知应会、个人的自我规划与职业生涯规划。

6.4 具体的实施办法及考核表格由人力资源部依据具体情况设置；考核、评议结束后人力资源部依据相关情况，汇集相关部门逐一对考核员工进行绩效面谈。

7 考核

7.1 考核信息准备。人力资源部门、用人部门综合各方面收集到的考核信息，客观公正地评价员工，信息来源一般有以下6种。

7.1.1 用人部门记录员工工作过程中的关键行为或事件。

7.1.2 员工的培训记录。

7.1.3 员工定期工作总结及日常汇报材料。

7.1.4 同一团队成员的评价意见或证明材料。

7.1.5 相关部门或个人的反馈意见或证明材料。

7.1.6 用人部门与员工沟通过程中积累的有关信息。

7.2 考核结果。无论是月度考核、试用期结束评议还是综合评定，其考核结果都包括评语和等级（优秀、良好、合格、不合格）两部分。

7.3 考核等级的定义。

7.3.1 优秀（90分以上）：相对于试用期员工而言，各方面都表现突出，尤其是工作绩效方面，远远超出对试用期员工的要求。

7.3.2 良好（80～90分）：各方面超出对试用期员工的目标要求。

7.3.3　合格（60～80分）：达到或基本达到对试用期员工的基本要求。

7.3.4　不合格（60分以下）：达不到对试用期员工的基本要求。

7.4　考核成绩达到合格者，即时转为正式员工；成绩在60分以下者，结束试用期，解除关系（辞退）。

7.5　正式录用的员工考核结果记入档案。

第11章 员工考勤与假期管理制度

11-01 公司考勤制度

公司考勤制度

1 目的

为了加强劳动纪律和工作秩序，特制定本制度。

2 适用范围

适用于本公司的考勤管理。

3 考勤管理

3.1 实行指纹打卡计算考勤

正规上、下班时间为：上午8:30至12:00；下午13:30至17:30；每周一至周五上班，周六、日休息。

3.2 打卡

3.2.1 员工必须严格遵守上、下班打卡制度（每日打卡2次，上午上班时、下午下班时），未打卡者，须在当天说明原因，否则按旷工或迟到论处。

3.2.2 出勤要求是员工聘用的一项主要条件。频繁性或习惯性请假，无法正常上班完成本职工作［月累计5次（含），全年累计50次（含）］的员工将被公司解聘。

3.2.3 每月10日前，人力资源部负责将上月员工考勤情况给予公示，对于迟到3次以上人员给予警告处罚。

3.3 外勤

3.3.1 如因工作需要外勤早上8:30不到或不能及时到公司打卡，需在上一个工作日填写《外勤申请表》并由部门负责人审批确认，没有登记和部门负责人审批确认的以迟到或旷工处理。

3.3.2 坐班人员如因公外出下班不返回公司，外出时需到前台打卡，并申请外勤，由部门领导审批确认。没有申请或部门领导未审批者以早退或旷工处理。

3.4 出差

需提前1天填写《出差申请表》，并获得中心负责人或总经理批准、行政中心备案方可出差。

3.5 未打卡说明

3.5.1 上班或下班忘记打卡者，须一个工作日内填写《未打卡说明》，由部门领导签字作证，方可计入考勤，否则视为迟到、早退或旷工处理。

3.5.2　员工每月忘记打卡不处罚次数最高不能超过4次，4次以上则视为迟到、早退，就算领导签字同意完成补卡能证明在正常工作，依然按迟到、早退进行处罚，只是处罚力度减半。

3.6　全勤奖

当月无迟到和早退的人员，可享有全勤奖100元。

4　缺勤管理

员工如有迟到、早退或旷工等情况，依下列规定处分。

4.1　迟到、早退、旷工定义

4.1.1　员工每天早晨在8:40以内打卡上班，即为正常上班。

4.1.2　员工迟到或早退超过一小时视为旷工半天，迟到或早退超过三小时视为旷工一天。

4.1.3　员工缺勤或故意不打卡者视为旷工处理，或未经批准休假者视为旷工。

4.2　迟到、早退、旷工的处罚

4.2.1　迟到、早退。

（1）当月迟到或早退2次以内的，不进行罚款，只扣除当月全勤奖金。

（2）当月迟到或早退4次以内的，每次处罚30元，并扣除当月全勤奖金。

（3）当月迟到或早退4次及以上每次罚款60元，并由部门负责人约谈并提出警告。

（4）当月迟到或早退8次及以上每次罚款100元，由部门负责人约谈警告并在绩效奖金上给予责罚。

4.2.2　旷工。

（1）旷工1天扣除当日薪级工资总数外，并做行政处罚，罚款150元。

（2）旷工2天扣除当日薪级工资总数外，并做行政处罚，罚款300元。

（3）依此类推，一月内累计旷工三日和一年内累计旷工六日的，予以辞退（解除劳动合同）处理。

（4）具体考勤奖惩详见下表。

考勤奖惩表

考勤类型	奖惩方式
1.全勤：8:40以内打卡上班（全体员工）	全勤奖励（每月100元）
2.总监级9点以内打卡可视为正常上班	无全勤奖
3.迟到：每天8:40以后打卡上班即为迟到（总监级9点以后打卡上班即为迟到） 早退：每天17:30之前打卡或下班未打卡即视为早退	
（1）每月9:00以前两次（含）以内打卡上班	无处罚，但扣除当月全勤奖
（2）4次以内	每次处罚30元，并扣除当月全勤奖金
（3）4次（含）～8次	每次处罚60元，并扣除当月全勤奖金
（4）8次（含）以上	每次处罚100元，并扣除当月全勤奖金，由部门负责人约谈警告并在绩效奖金上给予责罚

续表

考勤类型	奖惩方式
4. 旷工：员工迟到或早退超过一小时视为旷工半天，迟到或早退超过三小时视为旷工一天；员工缺勤或故意不打卡者视为旷工处理，或未经批准休假者视为旷工	
（1）旷工1天（含）以内	扣除当日薪级工资总数外，并做行政处罚，罚款150元
（2）旷工2天	扣除当日薪级工资总数外，并做行政处罚，罚款300元
（3）依此类推，一月内累计旷工三日和一年内累计旷工六日的，予以辞退（解除劳动合同）处理	

11-02　加班管理制度

加班管理制度

1　目的
为规范公司的加班管理工作，特制定本规定。

2　适用范围
适用于公司对普通员工加班进行管理的相关事宜。

3　加班原则
3.1　公司鼓励员工在每天8小时工作制内完成本职工作，不鼓励加班。

3.2　确因工作需要加班或值班，才予批准。

3.3　加班时间限制。

3.3.1　一般每日不超过1小时，特殊情况每日不超过3小时。

3.3.2　每月累计加班一般不应超过36小时。

3.4　不安排女员工在怀孕期或哺乳未满1周岁婴儿期间加班。

4　加班程序
4.1　凡需加班者，均须填写加班记录表申请加班，经有关主管批准后方能加班。

4.2　加班完毕后填写加班情况记录，经有关主管验审后送人力资源部留存。

4.3　每月人力资源部统计加班情况，在员工工资中支付加班费。

5　加班费用计算
5.1　平日加班。平时加班为平时工资的1.5倍。

5.2　双休日加班。双休日加班为平时工资的2倍。

5.3　法定节日加班。法定节日加班为平时工资的3倍。

5.4　超过加班定额（每月36小时）部分，不支付加班费。值班津贴另行计算。

6 调休

6.1 加班员工可不领取加班费以调休代替。

6.2 凡调休的员工均应填写申请,并经主管和人力资源部门同意审批。

6.3 调休时间以半年为最小单位。

7 附则

7.1 特殊或紧急情况处置可突破加班时间限制和常规程序,但须事后补充有关手续。

7.2 本办法由人力资源部解释、执行,经公司总经理批准颁行。

11-03　公司休假管理程序

公司休假管理程序

1 目的

为确保公司对员工休假进行有秩序的管理,特制定本程序。

2 适用范围

适用于公司对所有员工的休假进行管理的相关事宜。

3 假期规定

3.1　法定节假日(11天)。元旦(1月1日)1天;春节(农历除夕、正月初一、初二)3天;清明节(农历清明当日)1天;劳动节,放假1天(5月1日);端午节,放假1天(农历端午当日);中秋节,放假1天(农历中秋当日);国庆节,放假3天(10月1日、2日、3日)。

如节日适逢公休假日,顺延补假,另可根据单位自身的工作情况灵活安排。法定节假日前后不得随意请假,如有特殊情况,需办理相关的请假手续之后,经单位领导批准方可离开,在节假前后,无故未请假离岗者,每离岗一天扣除两天的日工资。

3.2　年假。

3.2.1　员工自入职之日起计算,连续工作满1年可以享受5天带薪年假。

3.2.2　员工累计工作已满1年不满10年的,年休假5天。

3.2.3　员工已满10年不满20年的,年休假10天。

3.2.4　已满20年的,年休假15天。

3.2.5　本年度内的年假,限本年度内使用,不能累计,也不可把年休假带入下一年,年假在当年1月1日起休至当年12月31日截止。

3.2.6　该休假需要提前15天提出申请,填写《请假申请单》,由直属领导、所属中心主任根据本部门工作计划进行初审并报行政管理部复审,由总经理审批后方可进行年休假。员工临时因事请假,可申请从年休假中扣除。

3.2.7 一年内病、事假累计超过30天(含),或一年内产假超过3个月,或旷工满3天的员工,不享受当年年休假。如果员工已在当年中休完年假,但在当年年终的病、事假累计超过30天的,则扣除该员工与当年年假天数对应的等额工资。

3.2.8 未办理休假手续,或未经过完整审批擅自离职休假者,作旷工处理。

3.3 病假。

3.3.1 员工因病需去医院就诊,或因病不能上班,需提前请假,填写《请假申请单》,由直属领导、所属中心主任签字审批,并报到行政中心复审方可进行休假。确实急诊突发,可在当日上班前一小时内打电话通知本人上一级领导,安排好本职工作,并委托他人办理请假手续,事后销假。

3.3.2 员工因病休假须出具公司认可的医院证明,如无法提供医院证明按事假处理。病假单随《请假申请单》同时备案。

3.3.3 病假期间按基本工资的70%计算工资,如员工当月申请病假时间超过2周(含2周),按本市最低保障工资标准发放。员工如患重大疾病,可依照《劳动法》和《劳动合同》中的有关规定办理。

3.3.4 未办理休假手续,或未经过完整审批擅自离职休假者,作旷工处理。

3.4 事假。

3.4.1 员工因事确需本人处理,需至少提前一天向所在部门申请,填写《请假申请单》,直属领导、所属中心领导根据本部门工作计划给予批准,并报行政中心审批备案后方可进行休假。

3.4.2 试用期间员工一般不准请事假,特殊情况,报部门经理及所属中心主任初审,报行政管理部复审,同时行政管理部备案,转正时间按请假天数向后顺延。

3.4.3 员工请事假,按员工薪级工资总额的日平均收入扣除当日工资。

3.4.4 员工请事假,原则上应避开周末连休。员工全年事假累计不应超过30天,否则公司有权对该员工工作绩效及薪金进行重新评估,或解除劳动合同。

3.4.5 未办理休假手续,或未经过完整审批擅自离职休假者,作旷工处理。

3.5 产假。

3.5.1 公司正式女员工分娩时,符合国家政策规定者,女性员工享有98天的带薪产假(含节假日),剖腹产和多胞胎可以多增加产假15天,晚育(已婚妇女24周岁以上或晚婚后怀孕生育第一个孩子为晚育)增加30天。

3.5.2 产假应在产前提前10个星期申请,填写《请假申请单》,由直属领导和中心主任初审,行政中心和总经理复审后,交行政中心备案。

3.5.3 公司正式女员工已婚怀孕发生小产,根据医院证明可按如下规定休假。妊娠不满16周(含)流产:15天。妊娠16周以上流产:42天。

3.5.4 有不满一周岁婴儿的女员工,公司在其正常劳动时间内可给予每天两次哺乳(含人工喂养)时间,每次30分钟。哺乳时间不累计,仅限于哺乳期。

3.5.5 产假期间的薪资按照国家规定，产假后由行政中心申领生育津贴后，全额一并支付给员工。

3.6 婚假。

3.6.1 符合法定结婚年龄并经相关机构批准的正式员工结婚时享有婚假3天。

3.6.2 申请婚假需提前一个月填写《请假申请单》，并出具结婚证明，由直属领导和中心主任初审，行政中心和总经理复审后，抄送行政中心备案。婚假要求在领取结婚证一年内一次性连续休完，如因上级工作安排等影响无法一次休完婚假，可视工作安排情况在6个月内分两次连续休完（备注：婚假连休天数包含法定节假日，按自然日计算）。

3.7 丧假。

3.7.1 员工的直系亲属父母（公婆、岳父母）、子女及其配偶，身故时可申请三个工作日的全薪丧假（不含节假日），逾期应申请事假。

3.7.2 旁系亲属亡故给予丧假3天（不含节假日）。

4 请假管理

4.1 员工请假必须注明请假事由。

4.2 所有员工请假必须经过部门领导同意，行政中心审核通过，一天（含一天）以内报直属领导审批，一天以上三天（含三天）以内须报中心主任审批，三天以上事假须报总经理审批，方可记为请假，否则以旷工处理。

4.3 员工请假，无论请假时间长短，均应提前一天申请并填写《请假申请单》。因突发事件来不及先行请假者，必须第一时间向直属领导、中心主任、行政中心电话或短信请假，并及时由部门领导或其代理人依照规定办理请假手续，否则视为旷工。

4.4 请假的各项手续办理完毕后，请将请假条一律报送行政中心留存归档。

4.5 员工请假说明明细见下表。

员工请假说明表

请假类型	假期天数	请假流程	请假工资核算
法定节假日	按国家规定休假	按公司通知，统一休假	带薪假期
年假	（1）连续工作满1年方可享受年假5天 （2）1～10年，年休假5天 （3）10～20年，年休假10天 （4）已满20年的，年休假15天	提前1个月提出申请，填写《请假申请单》，由直属领导、所属中心主任初审，并报行政管理部复核，由总经理审批后方可进行年休假	带薪假期

续表

请假类型	假期天数	请假流程	请假工资核算
病假	病假须开具医院证明（医院病假单），无法提供按事假处理	（1）常规病假，填写《请假申请单》，由直属领导、所属中心主任签字审批，并报到行政中心复审方可进行休假（附医院病假单） （2）急诊突发，可在当日上班前一小时内打电话通知本人上一级领导，安排好本职工作，并委托他人办理请假手续，事后销假	病假期间按基本工资的70%计算工资，如员工当月申请病假时间超过2周（含2周），按本市最低保障工资标准发放
事假	全年事假累计不能超过30天	（1）需至少提前一天向所在部门申请，填写《请假申请单》，直属领导、所属中心领导根据本部门工作计划给予批准，并报行政中心备案后方可进行休假 （2）一天（含一天）以内报直属领导审批 （3）一天以上三天以内（含三天）报中心主任审批 （4）三天以上事假须报总经理审批	按员工薪级工资总额的日平均收入扣除当日工资
婚假	3天	需要提前一个月填写《请假申请单》并出具结婚证明，直属部门领导、中心主任和总经理签字确认后，行政中心备案	带薪假期
产假	（1）正常生育产假：98天 （2）难产：增加15天 （3）多胞胎生育：每多生育1个婴儿增加15天 （4）晚育：增加30天 （5）妊娠不满16周（含）流产：15天 （6）妊娠16周以上流产：42天	产假应在产前提前10个星期填写《请假申请单》，交由直属领导和中心主任初审，行政中心和总经理复审后，交行政中心备案	产假期间的薪资按照国家规定，产假后由行政中心申领生育津贴后，全额一并支付给员工
丧假	直系亲属：3天	均应提前填写《请假申请单》	带薪假期

请假流程：员工请假，需要填写《请假申请单》，由部门领导或总经理签字确认后，才能休假
请假审批权限：一天（含一天）以内报直属领导审批；一天以上三天（含三天）以内须报中心总监审批；三天以上事假须报总经理审批，并报行政中心审批、备案，方可记为请假，否则以旷工处理

第12章 员工异动管理制度

12-01 员工晋升管理办法

员工晋升管理办法

1 目的

为激励员工士气及肯定表现绩优的员工,并使员工晋升管理规范化,以有效达成组织培养人才的目的,特制定本办法。

2 适用范围

适用于本公司所有员工的晋升作业。

3 权责

3.1 人力资源部职责。

3.1.1 人力资源部负责全公司组织的架构、人员编制的汇总、监督管理,包括各部门人员编制数量的增、减、补,人员编制名称、职级的设定的监督管理。

3.1.2 负责公司各类人员晋升管理工作的具体组织、实施及协调。

3.1.3 员工晋升作业办理、人员晋升的相关培训及晋升评鉴。

3.2 各部门职责。

3.2.1 员工晋升的提报。

3.2.2 各部门负责对公司人员晋升整个过程的配合管理。

3.3 部门经理、总经理职责。

3.3.1 部门经理负责本部门组织架构、人员编制的确认、核实,对晋升人员的相关培训及晋升评鉴。

3.3.2 总经理负责对各部门新增、变更组织架构、人员编制及晋升人员的最终审核。

4 作业内容

4.1 晋升的第一种形式:提名晋升的作业规范。

4.1.1 所有人员的晋升每次原则上均以晋升1个级别为限。

4.1.2 实习主管晋升主管职务者应以同级为原则,不得跃级晋升。

4.1.3 员工当年度受警告或记小过(含)以上处分者,分别自惩处生效日起6个月内不得办理晋升。

4.1.4 根据员工绩效考核情况,对表现不佳员工也可做降级处理。

4.1.5 员工每次晋升到上级别时,薪资的调整方式为:基本工资调整至拟晋升级别标准最低级工资起点,各项福利、津贴调整至拟晋升级别标准。

4.1.6 管理人员在任拟晋升职务试用期间的薪资调整方式为:基本工资调整至拟晋升级别标准低级工资点,各项福利、津贴调整至拟晋升职务级别的标准。若试用不合格,则调回原岗位或由公司另安排,其薪资将随岗位改变。

4.2 员工晋升提拔需符合如下条件。

4.2.1 晋升人员学历要求:凡晋升非生产类B级(含)以上人员学历要求为大专(含)以上。

4.2.2 级别晋升条件(见下表)。

级别晋升条件表

晋升职级	原任职级	晋升条件	
		任原职时间	考核成绩
A级	B级	12个月	最近一次工作表现考核成绩:非管理类在85分以上,管理类在95分以上
B级	C级	8个月	
C级	D级	5个月	
D级	E级	3个月	

4.2.3 职位晋升条件(见下表)。

职位晋升条件表

晋升职务		原任职务		晋升条件		
等级	职务	等级	职务	任原职时间	教育训练	考核成绩
A	副总经理	A	总监	30个月以上	完成个别培训计划	最近一次工作表现考核成绩:非管理类在85分以上,管理类在95分以上
A	总监	A	经理	24个月以上	完成个别培训计划	
A	经理	B	主管	10个月以上	完成个别培训计划	
B	主管、实习主管	C	助理、师傅	8个月以上	完成B级管理人员培训	
		C	非主管职			
C	助理、组长	C	班组长	6个月以上	完成C级管理人员培训	
		D	文员			
D	组长、文员	E	员工	3个月以上	完成组长管理人员培训	

(1)员工晋升组长级(含)以上职务时,须参加人力资源部组织的相应的管理人员培训课程,并考试合格。

（2）晋升主管级（含）以上人员未经过相应的管理人员培训者应以"实习主管"任用。

（3）拟晋升员工工作表现优秀但未达晋升任职时间要求者应以"实习主管"任用。

（4）二次聘用人员如在离开公司后又重新聘用者，提报晋升时其任职时间须以最近入职日期计算。

（5）晋升主管职务者须符合当年度公司组织编制要求，但若有为公司新事业单位储备培养管理人员的任务时，其晋升不在此限，在呈报时须附注相关说明。

（6）晋升为C、D级职位需经本部门经理提名，人力资源部经理面谈审核，报人事总监、总经理批准。

（7）晋升为B级（含）以上职位需经本部门经理或厂长提名，人事总监面谈审核，报总经理批准。

4.3 实习主管职务的实习期限与考评规定。

4.3.1 实习主管职务人员自实习职务生效之日起考评期限为3个月。考评期满，经权责经理考核合格且经过相应晋升强化培训者可予以转正。

4.3.2 实习主管职务人员实习期满后经考评如不能胜任所任职务，经呈报权责经理核准，取消其所实习职务，回复到原职务、职级及薪资标准。

4.4 晋升作业审核程序规定及需提报的资料（见下表）。

晋升作业审核程序规定及需提报的资料

晋升职务	晋升审核程序规定				晋升所需提报资料			
	笔试	面谈评鉴	自我工作总结报告	人事异动申请单	晋升人员最近一次考核成绩	工作业绩达成统计资料	组织架构与人员编制	晋升培训情况（试用期后确定是否转正用）
D级文员、班长	√	√		√	√		√	√
C级文员、组长	√	√		√	√		√	√
C级组长	√	√		√	√		√	√
B级主管	√	√	√	√	√	√（指车间）	√	√
A级经理	√	√	√	√	√	√（指车间）	√	√
A级总监（含）以上	√	√	√	√	√		√	√

4.4.1 各部门经理可根据相应组织架构与人员编制空缺状况进行部门晋升人员推荐，并提报拟晋升人员所需晋升资料，由人力资源部首先进行书面审核作业，通过书面审核者按照晋升程序相关规定进入下一程序审核。

4.4.2　晋升人员需先经过笔试，笔试内容主要为《专业技术能力考试题》，笔试合格后再进入面试。面试以《综合素质机构化考试题》为大纲，上级评委参考《专业技术能力考试题》和《综合素质机构化考试题》的分数及提报的一些业绩资料，填写"职员晋升审批表"并给予是否晋升的具体意见。上级评委就评鉴结论、被评鉴人优缺点及改进事项向被评鉴人回馈。

4.4.3　面谈评鉴未通过者，下次晋升同一职位时可重新提报。

4.4.4　晋升组长人员尚需提报本人晋升前半年内每月的业绩达成统计资料。

4.4.5　人事资料更新：人力资源部将"人事异动表"和《协议书》存档，并完成组织架构图。

4.5　晋升的第二种形式：内部竞聘作业规范。

4.5.1　竞聘目的。为了达到人尽其才的目的，公司欢迎本公司员工竞聘空缺职位，可根据人力资源部发布的招聘信息，填写"内部竞聘申请表"，在人力资源部办理相关手续。

4.5.2　组织竞聘。

（1）内部竞聘公告：人力资源部发布招聘通知，申请员工填写"内部竞聘申请表"并依表格由相关主管、经理签名确认，方可报名参聘。

（2）初次筛选资料：按竞聘要求初次审定参聘人员与参聘条件的符合性。

（3）组织测评：根据测评时间，组织初次筛选合格人员进行测评。

（4）综合评估、录用：根据晋升办法对测评结果综合评定，符合条件人员予以录用。

（5）结果公布：对录用人员人力资源部以通知形式向全公司通告。

（6）录用人员到职跟踪：人力资源部招聘负责人跟踪已录用人员到职情况，并同相关部门协调、沟通，做好相关交接工作。

（7）人事资料更新：人力资源部人事文员将"人事异动表"和《协议书》存档，并完成组织架构图。

4.5.3　竞聘原则。

（1）公平、公正、公开原则。

（2）竞聘人员必须入职达3个月以上。

（3）鼓励人才的适当流动，但必须把握好各部门关键岗位、技术岗位人才的稳定性原则。

（4）采用部门负责人对报名人员签名确认同意，对符合条件人员积极配合参聘的原则。

（5）人力资源部选用内聘之前务必了解公司人力资源状况，依实际人力需求慎重选择。

4.5.4　评鉴规定。按照4.1"提名晋升作业规范"办理。

4.6　正式晋升前的职能强化培训。

4.6.1　晋升课程安排。

（1）晋升必修课程分三种类型：A级晋升必修课、B级晋升必修课、C级晋升必修课。

（2）所有获得A、B、C级晋升提名的人员，人力资源部将分发一份晋升必修课程表给每个晋升人员。

（3）晋升A、B、C级人员，晋升试用期为3个月，在试用期3个月内必须完成人力资源部规定的晋升必修课程学习。A、B、C级人员晋升，培训课程表由人力资源部统一计划安排，每月月底会将下一个月培训的具体时间、受训人员、课程内容安排等提前知会所有参加晋升提名的学员并要求其予以确认，如学员因临时受训时间安排有问题，需提前两天通知人力资源部，以便商议更改课程日程安排。

（4）A、B、C级晋升课程学习，必须在晋升试用期3个月内学完，并接受人力资源部统一命题考试，如在3个月内未学完晋升必修课程，将取消晋升提名的资格。

4.7　晋升人员考试规定。

4.7.1　所有接受晋升培训学习的人员，必须参加人力资源部统一命题考试，考试成绩满60分以上（包括60分）为合格分数线。

4.7.2　考试成绩不满60分者，将延长晋升试用期，而且须再任选一门必修课程学习，学习完毕后安排补考，补考成绩如再不满60分者，则取消晋升资格。

4.7.3　考试成绩合格的由部门经理填写转正考核表，人力资源部经理审核，总经理最后批准，签批资料于人力资源部归档，并颁发培训结业证书。

4.7.4　考核转正表、考试合格试卷及人员异动单，由部门经理填写，人力资源部经理审核，副总经理或总经理签批，所有签字生效资料将列入人力资源部存档、备案。

4.7.5　人力资源部根据完整的信息资料出示人事通告，向全公司告知晋升职员的职称及任职到岗生效时间。

12-02　岗位轮换管理制度

岗位轮换管理制度

1　目的

为了对轮换岗位的选定、人员选定、计划制订到实施及结果考察的岗位轮换管理全过程进行规范，特制定本制度。

2　适用范围

适用于总经理、部门经理级以下员工。

3 管理规定

3.1 岗位选定

3.1.1 由人力资源部定期与各部门沟通,选定出可以轮换和必须轮换的岗位,经人力资源总监审核批准后,作出公示。

3.1.2 轮换岗位分为强制轮换类、建议轮换类和个人意愿轮换类。

3.1.3 岗位轮换分为部门内轮岗和跨部门轮岗。

3.1.4 轮换形式分为短期轮岗和调动性轮岗。

3.2 人员选定

3.2.1 凡在职于必须轮换岗位的工作人员,工作满2年的,必须进行轮岗。由人力资源部根据轮换岗位的工作职责,与各部门协商制定岗位轮换的周期,并根据上述要求筛选出必须轮换的人员名单。

3.2.2 各部门工作人员可以根据自身职业发展的规划,在部门经理同意的前提下,向人力资源部提出轮岗申请,由人力资源部根据岗位与人员的匹配要求,制定出自愿轮岗人员名单,并备案。

3.2.3 人力资源部根据岗位轮换的要求,对轮换人员进行考察、测评,确认其与要轮换岗位的匹配度,最终定出岗位轮换人员名单,报人力资源部经理审核、批准。

3.3 计划与实施

3.3.1 人力资源部根据岗位轮换名单,与轮出和轮入部门协商,定出轮岗计划。

3.3.2 轮岗的实施遵循以下两点原则。

(1)不能对岗位轮出和轮入部门的工作产生较大影响。

(2)有利于参与岗位轮换的人员提高自身综合素质及工作绩效。

3.3.3 岗位轮换计划有短期计划和长期计划,长期轮换计划的实施参考《工作调动管理规定》。短期岗位轮换计划中,其本身工作关系仍在原部门,只是在规定时间内到轮换岗位从事指定的工作。

3.3.4 岗位轮换计划包括轮换的部门、岗位、轮换时间、轮换岗位的职责。所有参加轮换的人员必须填写"岗位轮换人员登记表",由相关部门协商、审核,报人力资源部批准、备案后,按计划实施。

3.4 监督与考核

3.4.1 人力资源部对所有参与轮岗的人员进行全过程的跟进,轮岗结束后轮岗人员写出工作总结,由轮入部门进行评价。

3.4.2 轮岗过程中表现优秀的人员,公司将会作出适当奖励,考核结果作为工资调级和个人晋升的依据。

3.4.3 短期轮岗结束后,轮岗人员按计划回到原工作岗位。

12-03　员工内部调动管理办法

员工内部调动管理办法

1　目的

为规范员工的内部调动，给员工提供平等的竞争机会，创造积极向上的工作氛围，特制定本办法。

2　适用范围

适用于公司所有在职员工。

3　管理规定

3.1　调动类别

员工在聘用期内，公司可对员工的岗位做出下列变动。

3.1.1　调岗：公司因机构调整或业务需要，或为提升员工的工作能力，可安排员工调岗。

3.1.2　借调：公司因业务需要，可将员工借调到公司内的基层单位或其他部门。

3.1.3　降职：个别员工因不适应当前职位，可安排员工到公司其他岗位工作。

3.2　调动原则

公司本着合理配置人力资源，以公平、公正、公开为原则开展员工调动工作。

3.3　调动程序

3.3.1　调岗。

（1）当公司内部出现岗位空缺时，除外部招聘外还可考虑内部提升或平级调岗，公司有关部门及员工本人均可提出调岗。

（2）公司有关部门提出调岗的，由人力资源部负责协调，取得调入与调出部门负责人的同意后，填写"员工调动审批表"按人员聘用权限报总经理批准。

（3）员工提出调岗的，由本人提出书面调岗申请，填写"员工调动审批表"，并报所在部门负责人及调入部门负责人同意后，由人力资源部参照员工聘用审批程序办理。

（4）人力资源部向员工和相关部门发出"内部调整通知单"。

3.3.2　借调。

（1）由公司或拟借调部门的管理层提出，并经人力资源部与有关部门协商而确定。

（2）用人部门向人力资源部提出借调申请，由人力资源部会同用人部门、调出部门及员工本人协商取得一致。

（3）由被调动的人员填写"员工调动审批表"，经相关部门确认无误后，报公司总经理批准。

（4）人力资源部向调动人员发出"内部调整通知单"。

3.3.3 降职。

（1）有下列情形之一者，予以降职或降薪。

——由于组织结构调整而精简人员。

——依公司制度受到处罚予以降职或降薪。

——不能胜任本职工作，经岗位轮换后仍不胜任者或其他相关部门没有空缺职位时予以降职。

（2）由人力资源部填写"员工调动审批表"，经相关部门确认无误后，报公司总经理批准。

（3）人力资源部向调动人员发出"内部调整通知单"。

3.3.4 移交。员工在接到"内部调整通知单"后，应于1日内与调出部门办妥工作移交手续，并至调入部门报到。如因特殊原因在规定时间内无法办妥移交手续时，可酌情延后移交期限，最长以3日为限。

3.3.5 离任审计。管理人员调离原管理岗位时，依据公司财务相关制度进行离任审计。

12-04 员工辞职、辞退（开除）管理办法

员工辞职、辞退（开除）管理办法

1 目的

为加强本公司的人事管理，规范公司和员工的劳动用工行为，维护公司和员工的合法权益，使公司的人事管理规范化，依据《中华人民共和国劳动法》等国家相关法律法规和规定，结合本公司实际，特制定本办法。

2 适用范围

适用于员工辞职、辞退（开除）工作的管理。

3 定义

3.1 辞职

指劳动合同未到期或劳动关系存在期间由员工主动提出提前与公司解除劳动关系的行为。

3.2 辞退

指劳动合同未到期由公司主动提出提前与员工解除劳动关系的行为。

3.3 开除

指因员工触犯国家刑律或严重违反公司规定而由公司作出的一种行政处罚，其中包含提前解除劳动关系的条款。

4 管理规定

4.1 辞职

4.1.1 辞职程序。

（1）本公司员工因故辞职时，应首先向部门主管说明情况，经部门经理同意后到人力资源部索要"辞职申请书"，写明真实辞职原因，填好后交主管部门主管签署意见，然后交人力资源部。

（2）人力资源部呈总经理审批。

（3）人力资源部根据总经理的批准意见，通知申请人。

（4）申请人向人力资源部索要"离职交接单"办理工作移交手续。

（5）人力资源部凭"离职交接单""离职人员薪资结算单"给予辞职者计算考勤呈交财务部，并开具"离职证明"和《解除劳动合同证明书》。

（6）财务部根据人力资源部或总经理审批，在批复的薪资结算日期给予离职人员办理薪资结算。

4.1.2 员工辞职需依以下时间规定。

（1）试用期人员提前3日提出申请。

（2）正式员工提前30日提出申请。

4.1.3 辞职者自"辞职申请书"递交之日起到工作交接完毕这段时间，均视为出勤，但辞职者须恪尽职守，遵守公司规定，正常工作。

（1）辞职者自"辞职申请书"递交之日起到工作交接完毕这段时间，凡请假7天及以上者，其本人离职薪资结算按请假时间相应的向后顺延。

（2）在此期间，如有员工未在公司上班且未与部门经理或组长请假的做旷工处理，连续旷工2日及以上者，做自动离职处理，予以开除，当月工资不予结算。

4.1.4 对无视公司规定，不办任何手续就擅离职守，或辞职要求未获批准就离开公司的员工，视为违反公司管理制度，自动解除劳动合同，做自动离职处理，公司不予结算工资，由此给公司造成重大经济损失的，公司保留对其追究法律责任的权力。

4.2 辞退（开除）

4.2.1 根据《劳动合同法》第三十九条，有以下情况之一者，各部门经理可提出辞退建议。

（1）试用期未满，被证明不符合录用条件或能力较差，表现不佳而不能按时完成工作任务的。

（2）违反公司劳动纪律或公司规章制度的。

（3）患有非本职工作引起的疾病或因公负伤，医疗期满后，经医疗部门证实身体不适、不能胜任本职工作的。

（4）员工明显不适应本职工作需要，参加岗位培训后考核仍不合格的。

（5）工作能力及效率无明显提高者，经过岗位培训后表现仍然较差的。

（6）不接受培训，或培训成绩不合格的。

（7）工作责任心不强的，经过多次谈话仍无明显改善的。

（8）在公司以外从事兼职的。

（9）因公司业务紧缩需减少一部分员工时。

（10）法律、法规规定可以解除劳动关系的其他情形。

4.2.2 有下列情形之一者，予以开除。

（1）被依法追究刑事责任的。

（2）严重违反劳动纪律或公司规章制度者。

（3）违抗命令，不服从领导安排或擅离职守，情节十分严重者。

（4）连续旷工达两天及以上或1年累计旷工超过5天者。

（5）工作疏忽，贻误时机，致使公司蒙受较大损失者。

（6）营私舞弊，挪用公款，收受贿赂、佣金者。

（7）偷盗同事和公司财物者。

（8）聚众罢工怠工，造谣生事，破坏正常的工作和生产秩序者。

（9）以暴力手段威胁同事者，打架斗殴者。

（10）涂改文件，伪造票证者。

（11）对公司利益造成重大损害的。

（12）其他法律法规规定的违法违纪行为。

4.2.3 当辞退（开除）的情形出现时，如当事人的行为给公司造成损失的，应按国家及公司有关规定承担相应的赔偿责任。

4.2.4 本公司辞退员工时，应提前告之，其规定如下。

（1）试用期间员工提前3日告知。

（2）正式员工提前30日告知。

4.2.5 本公司依4.2.2的规定开除员工时可以不提前告之被开除者，开除决定自发布之日立即生效。

4.2.6 辞退程序。

（1）员工所在部门经理向人力资源部索要"辞退申请表"，填妥后交人力资源部审核。

（2）人力资源部审核后交总经理审批。

（3）人力资源部依总经理批准意见签发"辞退通知书"到申请部门。

（4）员工持"员工辞退通知书"到人力资源部索取"离职交接单"办理工作移交手续。

（5）人力资源部依"离职交接单""离职人员薪资结算单"给予辞退者计算考勤呈交财务部，并开具"离职证明"和《解除劳动合同证明书》。

（6）财务部根据人力资源部或总经理审批，在批复的薪资结算日期给予离职人员办理薪资结算。

4.2.7 开除决定由各部门经理作出，总经理批准，并报人力资源部门备案。

4.2.8 被公司开除的员工仍须按公司规定办理工作移交手续，如拒绝移交或不按规定移交，给公司造成经济损失的，将按相应的规定在离职薪资结算中予以扣除。

4.2.9 被辞退的员工对辞退处理不服的，可以在收到"辞退通知书"之日起的10日内，到公司人力资源部申诉。

4.2.10 被辞退（开除）员工在收到"辞退（开除）通知书"之日起到批准的离职薪资结算日期间，需继续遵守公司各项规章制度，如有违反公司规章制度，进而影响公司正常生产和工作秩序的，将予以立即辞退（开除）。

4.2.11 员工有下列情形之一的，公司不得依本规定解除劳动合同（按其他规定协商处理）。

（1）患本公司职业病或因工负伤并确认丧失或部分丧失劳动能力的。

（2）患病或者负伤在规定的医疗期内的。

（3）女员工在孕期、产期、哺乳期内的。

（4）法律、法规规定的其他情形。

12-05 员工离职管理规定

员工离职管理规定

1 目的

为规范全体员工的离职管理工作，确保日常工作和生产任务的连续性，确保公司和离职员工的合法权益，特制定本规定。

2 适用范围

所有员工，不论何种原因离职，均依本制度办理。若有特殊，由总经理签字认可。

3 权责

3.1 人力资源部负责员工的离职管理工作。

3.2 离职人员所在部门协助人力资源部完成工作、事务的交接手续。

3.3 财务部负责员工款项的核算与支付。

4 管理规定

4.1 离职类别

4.1.1 合同离职：员工终止履行受聘合同或协议而离职。

4.1.2 员工辞职：员工因个人原因申请辞去工作，有两种情形。

（1）公司同意，且视为辞职员工违约。

（2）公司同意，但视为员工部分履行合同（视实际情况由双方商定）。

4.1.3 自动离职：员工因个人原因离开公司，有两种形式：不辞而别；申请辞去工作，但公司未同意而离职。

4.1.4 公司辞退、解聘。

（1）员工因各种原因不能胜任其工作岗位者，公司予以辞退。

（2）因不可抗力等原因，公司可与员工解除劳动关系，但须提前30天发布预先辞退通知。

（3）违反公司、国家相关法规、制度，情节较轻者，予以解聘。

4.1.5 公司开除：违反公司、国家相关法规、制度，情节严重者，予以解聘。

4.2 办理离职手续

4.2.1 离职申请。

（1）离职员工，不论是何种方式都应填写员工离职申请表，并按照离职表相关要求逐级审批。

（2）员工离职的书面申报，应提前一个月报送。

4.2.2 员工离职应办理的交接手续。工作移交，即离职员工将本人经办的各项工作、保管的各类工作性质资料等移交给指定的交接人员，并要求接交人员在离职移交清单上签字确认。

4.2.3 结算。

（1）结算条件。当交接事项全部完成，方可对离职员工进行相关结算。

（2）结算部门。离职员工的工资、违约金等款项的结算由财务、人力资源部、行政部共同进行。

（3）结算项目见下表。

结算项目表

序号	结算项目	说明	
1	违约金	因开除、解聘、自动离职和违约性辞职产生的违约金，由行政部按照合同违约条款进行核算，包括劳动合同期未满违约金和保密、敬业协议违约金	
2	赔偿金	违约性离职对公司造成的损失，由人力资源部、财务部共同进行核算，包括物品损失赔偿金、培训损失赔偿金	物品损失赔偿金：公司为方便办公所配置的物品，不能完好归还，按物品使用年限折旧后的余额赔偿损失
			培训赔偿金：按《培训协议》相关条款进行处理
3	工资	（1）合同期满人员，发放正常出勤工资，无违约责任 （2）公司辞退的人员，发放正常出勤工资，双方互不承担违约责任 （3）因公司经营状况等特殊原因的资遣人员，发放正常出勤工资外，公司另外加付一个月基本工资 （4）项目损失补偿金：项目开发人员违约性离职，其负责的开发任务未能完成和移交，应赔付公司项目损失补偿金	

4.2.4 关系转移。

(1)转移条件:交接工作全部完成(以交接单签字确认);违约金、赔偿金等结算完成(以签字为确认)。

(2)转移内容:档案关系、社保关系。

(3)公司内部所建立的个人档案资料不再归还本人,由人力资源部分类存档。

4.3 其他

4.3.1 员工离职工作以保密方式处理,并保持工作连贯、顺利进行。

4.3.2 本制度在执行过程中发生异议,经双方协商未能解决,任何一方可以提请当地仲裁机构或人民法院解决。

第13章 员工培训与发展管理制度

13-01 员工培训管理制度

员工培训管理制度

1 目的

为了使公司内部员工的业务素质和技能满足公司发展战略和人力资源发展需要,公司对员工应进行有计划、有系统的培训,以达到公司与员工共同发展的目的,特制定本管理规定。

2 适用范围

本管理规定适用于本公司全体员工。子公司应参照本制度执行,如因特殊情况需要调整内容需将修改版本进行评审通过并纳入文件管理体系中,报备到公司人力资源部。

3 权责

3.1 分管总经理负责批准各部门提报的年度部门培训计划及必要时参加公司举行的培训。

3.2 人力资源部:指导部门进行培训需求的调查(人力资源部负责培训需求表的设计);各部门培训计划收集和审核;对其他部门培训活动的监督检查及指导效果评估;本部门的培训计划实施;内部培训讲师的选拔、考核评估;对培训效果进行跟踪、评估;培训记录材料收集、整理及归档。

3.3 各部门:调查员工培训需求;内部培训讲师的推荐和协助管理;部门培训计划的制订、培训计划的组织实施及培训效果评估。

3.4 员工个人:参与公司组织与培训相关的各类活动;提出个人培训需求;报名参加内部培训师选拔。

员工培训各部门及人员职责具体见下表。

员工培训各部门及人员职责表

	分管总经理	人力资源部	各部门	员工个人
培训需求	共同分析与企业整体战略发展相关的培训需求	设计培训需求调查的相关表格	了解、掌握本部门员工的培训需求并进行分析整理	分析个人培训需求,填写"培训需求调查表"
		组织及指导各部门进行培训需求分析,调查本部门的培训需求	将部门需求汇总至培训组织部门	

续表

	分管总经理	人力资源部	各部门	员工个人
培训计划	决定企业的中长期和年度培训方针，批准各部门提交年度培训计划	制订本部门培训计划	负责制订本部门的培训计划及培训预算	明确公司和所属部门的培训计划，对部门培训计划提出建议和意见
		组织指导各部门制订培训计划及预算		
培训实施	工作中预留培训空间	负责培训准备和实施过程监控和检查及对执行结果进行考核	组织开展本部门的培训活动	（1）参与各部门组织的培训 （2）对培训过程中存在的问题或不足提出改善建议和意见
		进行各部门专业培训的协调和指导		
培训评估	指导培训评估并提出改进建议	对培训结果进行检查，对员工培训记录进行收集、整理及归档	对员工培训的结果进行行为、态度检查、评估，必要时形成书面报告交人力资源部备案	配合开展培训后的评估工作

4 工作要求与规范

4.1 培训宗旨：全员培训，终生培训。

4.2 培训方针：自我培训与传授培训相结合、岗位技能培训与专业知识培训相结合。

4.3 培训目标。

4.3.1 在尊重员工个性前提下，调整员工心态，促使员工思想融入公司价值观和企业文化。

4.3.2 缩小员工能力与岗位胜任力之间差距，使得员工能力符合岗位胜任力要求。

4.3.3 满足员工在公司的职业发展和个人价值体现，实现员工在公司的职业生涯规划。

4.4 培训原则：公司对员工的培训遵循系统性原则、制度化原则、主动性原则、多样化原则和效益性原则。

4.4.1 系统性：员工培训是一个全员性的、全方位的、贯穿员工职业生涯始终的系统工程。

4.4.2 制度化：建立和完善培训管理制度，把培训工作例行化、制度化，保证培训工作的真正落实。

4.4.3 主动性：强调员工参与和互动，发挥员工的主动性。

4.4.4 多样化：开展员工培训工作要充分考虑受训对象的层次、类型，考虑培训内容和形式的多样性。

4.4.5 效益性：员工培训是人、财、物投入的过程，是价值增值的过程，培训应该有产出和回报，应该有助于提升员工的个人绩效和公司的整体绩效。

4.5 培训内容。

4.5.1 知识培训：不断实施员工本专业和相关专业新知识的培训，使其具备完成本职工作所必需的基本知识和迎接挑战所需的新知识。

4.5.2 技能培训：不断实施在岗员工岗位职责、操作规程和专业技能的培训，使其在充分掌握理论的基础上，能自由地应用、发挥、提高。

4.5.3 素质培训：不断实施企业文化、人际关系学、社会学、价值观的培训，建立公司与员工之间的相互信任关系，满足员工自我实现的需要。

4.6 培训形式。

4.6.1 内部培训。

（1）新员工培训：详见本制度"新进员工培训管理"。

（2）转岗培训：根据工作需要，公司原有从业人员调换工作岗位时，按新岗位要求，对其实施的岗位技能培训。转岗培训可视为新员工培训和岗位技能培训的结合。

（3）部门内部培训：部门内部培训由各部门根据实际工作需要，对员工进行小规模的、灵活实用的培训。部门内部培训由各部门组织，定期将培训相关记录资料交人力资源部备案。

4.6.2 外派培训：外派培训是指培训地点在公司以外的培训，包括公司组织的各种培训、国内外短期培训、中高层管理人员外出考察，另外还包括资格证书培训、学历进修等。

（1）外派培训的形式分为全脱产、半脱产和在职培训。经公司批准的外出培训，与公司签订培训协议后，视为正常出勤。

（2）临时外派培训项目，申请人需填写《员工外出培训申请表》提出申请，经公司领导审批后，报人力资源部备案。

（3）参加外派培训人员应有长期服务于本公司的意愿。

（4）公司具有培训资格的培训，原则上不得到公司外参加培训。

（5）外派培训结束后，外派培训人员应于返公司七日内将外派培训期间所填写的学习日志及学习总结交公司人力资源部。个人参加培训学习结束后，须持结业证、考试成绩或其他证明材料到人力资源部备案登记。

（6）外派培训人员的费用报销须在返公司七日内汇总填写明细，外派人员以《培训总结及改进建议表》为据，按财务报销流程报销车旅费。

4.6.3 员工自我培训：公司鼓励员工利用业余时间积极参加各种提高自身素质和业务能力的培训。

4.7 内部培训讲师。

4.7.1 公司成立内部培训讲师队伍，协助公司人力资源部推动培训工作的开展。

4.7.2 内部培训讲师的选拔及管理具体见《公司内部培训讲师管理制度》。

4.8 培训组织与管理。

4.8.1 公司人力资源部负责培训活动的计划、实施和控制，基本程序如下。

（1）培训需求分析。

（2）设立培训目标。

（3）设计培训项目。

（4）培训实施和评价。

4.8.2 其他各部门负责协助人力资源部进行培训的实施、评价，同时也要组织部门内部的培训。

4.8.3 建立培训档案。

（1）建立公司培训工作档案，包括培训范围、培训方式、培训讲师、培训往来单位、培训人数、培训时间、学习情况等。

（2）建立员工培训档案。将员工接受培训的具体情况和培训结果详细记录备案。包括培训时间、培训内容、培训结果等。

4.9 受训者权利。

4.9.1 在不影响本职工作的前提下，员工有权利要求参加公司内部举办的各类培训。

4.9.2 经批准进行培训的员工有权利享受公司为受训员工提供的各项待遇。

4.10 受训者的义务。

4.10.1 培训期间受训员工一律不得故意规避或不到。

4.10.2 培训结束后，员工有义务把所学知识和技能运用到日常工作中去。

4.10.3 非脱产培训一般只能利用业余时间，如确需占用工作时间参加培训的，须凭培训部门的有效证明，经所在部门和人力资源部批准后，方可参加。

4.10.4 具备下列条件之一的，受训员工须与公司签订培训合同。

（1）脱产培训时间在1周以上。

（2）公司支付培训费用在500元以上（含500元）。

4.11 培训计划。

4.11.1 人力资源部年度周期结束前一个月开始组织各部门进行培训需求调查，填写《培训需求调查表》，部门负责人结合本部门的实际情况，将员工的《培训需求调查表》汇总，并做好本部门次年度培训计划。

4.11.2 人力资源部负责制订公司的年度培训计划，部门的培训项目不少于6项，部门的培训需按提交的培训计划执行，如培训计划有变动，部门需至少提前一周告知人力资源部。培训开展时所有参与培训的人员必须签到，所有的培训记录需交人力资源部归档存入员工的档案，建立员工培训档案。

4.11.3 根据年度培训计划制定实施方案。实施方案包括培训的具体负责人、培训对象、确定培训的目标或内容、选择适当的培训方法和选择学员和教师、制订培训计划表、培训经费的预算等。重大培训实施方案经人力资源部审批同意后，以公司文件的形式下发到各部门。

4.11.4 对于临时提出参加各类外派培训或进修的员工，均要经所在部门负责人同意，填报《员工外派培训申请表》，公司领导批准后，报人力资源部备案。

4.11.5 公司中高层培训计划制订由人力资源部来组织，人力资源部根据培训需求调查结果，组织相关培训资源，拟订相应的培训计划，报主管总监及主管总经理审批后实施。原则上培训计划应于新的经营年度第一个月完成。

4.12 培训实施。

4.12.1 培训实施过程原则上依据人力资源部制订的年度培训计划进行，如果需要调整，应该提前一周向人力资源部提出申请，上报总经理审批。

4.12.2 内部培训期间人力资源部监督抽查参训人员出勤纪律情况，并以此为依据对学员进行考核。

4.12.3 人力资源部负责对培训过程进行记录，保存过程资料，如电子文档、录音、录像、幻灯片等。培训结束后以此为依据建立公司培训档案。

4.13 培训评估。

4.13.1 人力资源部负责组织培训结束后的评估工作，以判断培训是否取得预期培训效果。

4.13.2 培训结束后的评估要结合培训人员的表现，做出总的鉴定，也可要求受训者写出培训小结，总结在思想、知识、技能、作风上的进步，与培训成绩一起放进人事档案。

4.13.3 培训评估应从反应、学习、行为、结果四个层面来评估，培训评估包括测验式评估、演练式评估等多种定量和定性评估形式。

4.13.4 人力资源部应不断创新培训效果的评估方式方法。

4.14 培训费用和服务期限。

4.14.1 公司每年投入一定经费用于培训。根据公司效益状况和公司各部门发展需要加大员工培训力度时可以适当增加培训经费，培训费用包括外派人员参加培训、购买培训视频教材书本、为获得公司或岗位从业资质进行资质培训或继续教育的考试费用、聘请培训讲师到企业培训的费用等。

4.14.2 公司同意进行岗位调整但调整后的岗位需要通过资质培训，培训费用由公司承担，员工培训期间的工资发放按照《员工请休假管理制度》执行；因岗位本身特性要求知识技能及时更新而进行继续教育，或国家机构及行业协会的资质继续教育的要求，公司承担培训费用及相关考试费用。

4.14.3 员工通过获得相应的资格等级资质能促进提升该员工在本岗位的知识掌握和技能提升，或获得该资质是该领域公认的技术技能的某种级别水平评价（比如各等级的会计师资格、各等级职称、国家职业资格等），针对通过此类培训的人员，公司按照薪资管理办法对其薪酬等级予以调整。如属于全国统考项目，考试通过并获得相关资质证书可凭发票报销报名考务费。

4.14.4　经批准外出参加培训人员发生的交通费、食宿费，公司按照因公出差的有关规定的标准予以报销。

4.14.5　公司出资的专项培训项目，其费用由公司承担，根据培训项目情况与员工签订《培训服务协议》。

4.14.6　培训费用在500元（含）至2000元（不含），培训截止日起服务期延续不少于2年；培训费用在2000元（含）至5000元（不含），服务期不少于3年；培训费用在5000元以上的，具体服务期限由人力资源部会同用人部门商定，经人力资源部总监审核及分管总经理批准后，按此服务期与受训者签订《培训服务协议》。以上服务年限以培训结束后开始计算。

4.14.7　签订多项《培训服务协议》的员工，以最长的服务期限为最后到期时间，违约金为各项协议规定金额的总和。

4.14.8　培训费用偿还：参加外部培训或职称、学历学习，资格证书未能通过考试或成绩不合格未能取得证书者，其培训费用自行承担，若培训费已由公司代付的，须原价返还。

4.14.9　与公司签订《培训服务协议》的员工，在规定的服务期内提出辞职，或由于其个人原因被解除劳动关系时（自动离职、严重违纪被解除劳动关系等），该员工应根据未履行的服务期限，按比例偿还培训费用或支付违约金。违约金的数额以公司提供的培训费用为基础，根据员工剩余应服务年限与培训协议中约定服务年限占比，计算出尚未分摊的培训费用，应在工资中扣除。

4.15　培训记录、出勤及纪律。

4.15.1　员工参加培训，必须在员工培训签到记录表上亲笔签名以示参训，参训签到严禁代签。无培训签到记录表，视为未参加培训或未实施培训。

4.15.2　参加培训须准时，不得迟到、早退、缺席。因工作原因无法安排时间参加培训者，须事先跟培训负责人请假。

4.15.3　参训须携带文具，培训过程中须集中注意力认真参与，保持安静、专注，并做好笔记；不交头接耳，不私下议论，不大声喧哗，不随意走动，不中途离场。

4.15.4　培训会场不接打电话，手机须调整到静音或振动状态，不得在培训现场玩手机及做其他跟培训无关的事情。

4.16　其他事项。

4.16.1　各级管理人员应尽量创造条件和鼓励员工参加公司组织的各类培训。

4.16.2　参加外训的人员培训完毕后要将课件讲义和相关证书复印件交人力资源部备案保存。

4.16.3　各部门实施的培训课件内容须交由人力资源部备案。

4.16.4　重大培训内容须由人力资源部事先审核课件。

4.16.5　人力资源部监督各部门做好培训记录，并对培训记录进行统计分析。

5　新进员工培训管理（由《新员工培训管理制度》并入）

5.1.1　新员工培训包括脱岗培训及后期的在岗指导培训。

5.1.2　新员工入职培训由人力资源部及各部门负责人共同组织，人力资源部负责实施。

5.1.3　新员工培训是该员工的部门负责人及公司人力资源部的共同责任，最迟不应超过报到后十五天内执行。

5.1.4　凡公司正式报到的员工试用期满，但由于个人原因尚未参加新员工培训，不得转为正式员工。

5.1.5　参加新员工培训的员工在培训期间如遇临时状况需请假者，需要提前通知人力资源部，并在试用期内补修请假课程，否则，仍不得转为正式员工。

5.2　培训方式。

5.2.1　脱岗培训：由人力资源部在新员工入职十五天内组织实施，采取PPT授课、观看视频、讨论、参观等培训方式。

5.2.2　在岗指导培训：由新员工所在部门负责人对其已有的技能进行比较评估，找出差距，确定培训方向，并指定专人实施培训指导，人力资源部跟踪监督。可采取日常工作指导及一对一的辅导形式。

5.3　新进员工岗前脱岗培训内容。

5.3.1　公司级（人力资源部）培训主要内容。

（1）公司历史及现状简介、公司组织架构、主要管理人员、行业地位及未来发展前景。

（2）介绍公司企业文化（重点是公司价值观、各项精神理念、企业文化、公司内部以前的案例）。

（3）员工行为规范、基本纪律要求及奖惩规定。

（4）公司用人原则、员工晋升发展机会及相关要求规定。

（5）薪酬支付相关规定及员工薪酬福利待遇规定。

（6）出勤请假规定、劳动合同及离职规定、试用及转正考核规定、宿舍及食堂就餐规定、卫生要求、工作证及厂服规定、出入管理规定、培训学习、绩效考核、5S基本要求、ISO体系基本要求、员工提案、沟通渠道、申诉规定等。

（7）安全生产与防火安全。

5.3.2　部门级培训主要内容（部门管理人员或内部讲师在新员工上岗前实施）。

（1）部门基本情况、部门组织架构及部门管理人员介绍。

（2）部门主要工作职责、生产的主要产品等。

（3）部门基本纪律要求。

（4）车间生产主要工作流程、遵守作业流程和标准的重要性。

（5）遵守安全操作规程的重要性等。
（6）同事、上下级关系相处的要领及待人接物基本礼貌、团队协作的重要性。
（7）早会介绍新员工。
（8）安全生产与防火安全。

5.3.3　岗位级培训主要内容（班组长、机长或主管在新员工上岗前实施）。
（1）岗位（机台、班组）所有成员介绍及将新员工介绍给班组所有成员。
（2）岗位（机台、班组）设备设施情况介绍、现场物品整理及卫生要求（6S要求）。
（3）基本工具（办公用具）的使用。
（4）生产物料、工具及办公用品领取手续程序。
（5）作业指导书讲解及操作演示。
（6）安全操作规程讲解及操作演示。
（7）如何接受指示和命令，如何向上级汇报。
（8）岗位介绍（机台、班组）。
（9）安全生产与防火安全。
（10）其他岗位必须基础技能。

6　培训考核细则

6.1　人力资源部在组织新员工入职培训前，需提前与相关部门确认培训人员名单，各部门经理需组织本部门员工按时参加新员工入职培训，如因实际工作原因不能安排，应书面或电子信息告知人力资源部。为确保新员工培训的及时性，原则上同一新员工特殊情况说明不得超过两次。因部门组织不力、未特别说明原因，存在员工未参加新员工入职培训的情况，扣除该部门经理当月绩效0.5分/人次。

6.2　管理体系方面的培训，涉及制度、流程、规范、标准、专业技术知识等适合以电子文件或书面文件影印资料作为培训内容载体的，培训组织部门必须准备培训课件或资料和10道考核试题（含参考答案），且需在培训项目实施一周前将课件和考核试题提交至人力资源部；按时完成的部门奖励0.5分/次，逾期不交扣除0.5分/次。

6.3　操作技能的培训，部门根据培训计划完成培训后，应于培训活动完成后15天内提供《部门培训效果报告》（需经部门主管总监审核）。部门负责人应真实、客观、全面的填写有关内容，按时完成的部门经理奖励0.5分/次，逾期不交扣除0.5分/天。

6.4　人力资源部采取各种方式对各部门培训执行情况进行抽查。
（1）检查现场培训课题的符合性、真实性及参训人员情况。
（2）如要求做现场录音，培训师是否配合执行（如培训专员要求录音，将提前1天通知部门经理安排人员到人力资源部门领取录音笔等）。
（3）培训后进行回访、随访培训参与情况。

（4）培训后组织考核小组进行随机考核检查。

人力资源部对各部门培训计划执行情况抽查每周不少于一次。各职能部门、各事业部总监需对分管部门培训计划执行予以监督、审核，若出现虚假上报培训信息情形，视情形扣部门经理5～10分/项次，总监扣5～10分/次，培训组织部门未按照培训要求执行（如未按计划组织培训、未提供培训课件或考试试题，或未按要求进行现场录音等），扣承办部门经理、总监1分/项次。

6.5 培训期间参训人员应积极遵守培训纪律要求，不得迟到、早退、无故缺席。迟到、早退扣20元/次，无故缺席扣50元/次。

6.6 参训员工应在参训前于签到表上手写正楷签名，不得代签，违者双方各扣除20元/次。

6.7 参训员工考核不合格的（书面成绩以75分为及格，操作性培训由部门经理和其直接上级打分），培训组织部门应在一周内安排补考，补考后成绩仍不合格者，部门经理必须安排弥补性培训或改善计划。经补培后考试仍不合格者，由该部门经理提出人员调整建议，人员培训及考试记录进入员工人事档案。

6.8 人力资源部每月，对于按计划组织培训活动、认真落实培训效果评估及持续改善工作的部门，由人力资源部提名上报，经人力资源部主管总监和分管总经理审批后给予培训组织工作成绩突出的经理和主管总监5～10分奖励。考核成绩作为年终评优参考要素之一（对于当月培训计划项目认真落实的部门，给予部门经理1～5分奖励）。

6.9 各部门培训有关材料（签到表、考试题及考试结果、培训效果评估等）应在培训结束后的两个工作日内交至人力资源部，逾期交培训记录的部门按照0.5分/天标准对部门经理实施考核。

6.10 各部门的培训项目应按照年度计划实施，每月25前，人力资源部培训专员发布各部门次月培训计划，各部门在培训专员发布计划后的7个工作日内以书面方式回复人力资源部当月培训项目实施的具体时间，人力资源部根据各部门提报的计划时间进行场地等协调，出现培训时间冲突情形，由人力资源部与培训部门沟通确定具体培训时间。因实际工作原因需要对培训计划调整，需提前2个工作日告知人力资源部。未按要求执行，视为未按计划组织培训，并按此进行考核。

13-02 员工职业生涯规划管理制度

员工职业生涯规划管理制度

1 目的

为了充分、合理、有效地利用公司内部的人力资源，最大限度地发展公司的人才，规划公司员工的职业生涯发展，特制定本制度。

2　适用范围

适用于公司全体员工的职业生涯进行规划的相关管理。

3　定义及内涵

3.1　定义。职业生涯规划与管理，是指个人发展和企业相结合，对决定员工职业生涯的主客观因素进行分析、总结和测定，并通过设计、规划、执行、评估和反馈，使每位员工的职业生涯目标与公司发展的战略目标相一致。

3.2　内涵。职业生涯规划与管理包括以下两个方面。

3.2.1　员工的职业生涯发展自我规划管理，员工是自己的主人，自我规划管理是职业发展成功的关键。

3.2.2　公司协助员工规划其生涯发展，并为员工提供必要的教育、培训、轮岗等发展的机会，促进员工职业生涯目标的实现。

4　原则

员工的职业生涯规划要遵循系统性原则、长期性原则与动态原则。

4.1　系统性原则：针对不同类型、不同特长的员工设立相应的职业生涯发展通道。

4.2　长期性原则：员工的职业生涯发展规划要贯穿员工的职业生涯始终。

4.3　动态原则：根据公司的发展战略、组织结构的变化与员工不同时期的发展需求进行相应调整。

5　职业生涯规划系统

5.1　公司协助员工进行职业生涯规划。

5.2　自我评价。

5.2.1　帮助员工确定兴趣、价值观、资质以及行为取向，指导员工思考当前他正处于职业生涯的哪一个位置，制订出未来的发展计划，评估个人的职业发展规划与当前所处的环境以及可能获得的资源是否匹配。

5.2.2　公司推行自我评价的主要方式。一是心理测验，帮助员工确定自己的职业和工作兴趣；二是自我指导研究，帮助员工确认自己喜欢在哪一种类型的环境下从事工作。

5.2.3　员工与公司的责任。员工的责任是根据自己当前的技能或兴趣与期望的工作之间存在的差距确定改善机会和改善需求；公司的责任是提供评价信息，判断员工的优势、劣势、兴趣与价值观。

5.3　现实审查。

5.3.1　目的：帮助员工了解自身与公司潜在的晋升机会、横向流动等规划是否相符合，以及公司对其技能、知识所作出的评价等信息。

5.3.2　现实审查中信息传递的方式。

（1）由员工的上级主管将信息提供作为绩效评价过程的一个组成部分，与员工进行沟通。

（2）上级主管与员工举行专门的绩效评价与职业开发讨论，对员工的职业兴趣、优势以及可能参与的开发活动等方面的信息进行交流。

5.3.3　员工与公司的责任。

（1）员工的责任：确定哪些需求具有开发的现实性。

（2）公司的责任：就绩效评价结果以及员工与公司的长期发展规划相匹配之处，与员工进行沟通。

5.4　目标设定。

5.4.1　目的：帮助员工确定短期与长期职业目标，这些目标与员工的期望职位、应用技能水平、工作设定、技能获得等其他方面紧密联系。

5.4.2　目标设定的方式：员工与上级主管针对目标进行讨论，并记录于员工的开发计划中。

5.4.3　员工与公司的责任。

（1）员工的责任：确定目标和判断目标进展状况的方法。

（2）公司的责任：确保目标是具体的、富有挑战性的、可以实现的；承诺并帮助员工达成目标。

5.5　行动规划。

5.5.1　目的：帮助员工决定如何才能达成自己的短期与长期的职业生涯目标。

5.5.2　行动规划的方式：主要取决于员工开发的需求以及开发的目标，可采用安排员工参加培训课程和研讨会、获得更多的评价、获得新的工作经验等方式。

5.5.3　员工与公司的责任。

（1）员工的责任：制定达成目标的步骤及时间表。

（2）公司的责任：确定员工在达成目标时所需要的资源，其中包括课程、工作经验以及关系等。

6　职业发展通道

6.1　公司鼓励员工专精所长，为不同类型人员提供平等晋升机会，给予员工充分的职业发展空间。

6.2　建立员工发展四条通道：管理通道、技术通道、业务通道、生产工人通道。

6.2.1　管理通道适用于公司各类人员。

6.2.2　技术通道适用于从事技术工作的人员。

6.2.3　业务通道适用于从事市场销售和服务工作的人员。

6.2.4　生产工人通道适用于生产车间的操作工人。

6.3　每一职系对应一种员工职业发展通道，随着员工技能与绩效的提升，员工可以在各自的通道内有平等的晋升机会。

6.4　员工发展通道转换。

6.4.1 考虑公司需要、员工个人实际情况及职业兴趣，员工在不同通道之间有转换机会，但必须符合各职系相应职务任职条件，经过有关负责人员讨论通过后，由人力资源管理部门备案并通知本人。

6.4.2 如果员工的岗位发生变动，其级别根据新岗位确定。

6.5 确定新进员工级别。公司新进员工，人力资源管理部门根据其调入前的外部职称、学历等及调入后的岗位设定级别，试用期满后，直接上级根据其绩效表现提出转正定级意见，经讨论决定后，人力资源管理部门将讨论结果通知本人。

7 晋升制度

7.1 遵循人才成长规律，依据客观公正的考评结果，让最有责任心的能人担任重要的责任。

7.2 将晋升作为一种激励手段与员工进行沟通，让他们充分认识到公司对人才的重视及为他们提供的发展道路。

7.3 人才晋升方面不拘泥于资历与级别，而是按照公司组织目标与事业机会的要求，依据制度及甄别程序进行晋升。

7.4 保留职务上的公平竞争机制，坚决推行能上能下的职务管理制度。

7.5 员工技能通过聘任职称衡量。聘任职称参考外部职称、学历与员工绩效表现，对绩效表现好的员工列为破格聘任的对象，对绩效表现不佳的员工列为降级聘任的对象。

7.6 晋升条件（满足以下条件之一即可）。

7.6.1 年度考核结果为90分以上或"优秀"。

7.6.2 连续两年年度考核结果为85分（含85分）及以上或"良"。

7.6.3 符合晋升岗位的任职要求。

注：每晋升一次便重新开始计算。

7.7 降级条件（满足下列条件之一即可）。

7.7.1 年度考核结果为60分以下或"不合格"。

7.7.2 连续两年年度考核结果为65分或"基本不合格"。

8 建立职业发展档案

职业发展档案包括《职业发展规划表》《能力开发需求表》以及《考核结果记录》，其作用分别如下。

8.1 每次培训或工作实践情况记录在《能力开发需求表》中。

8.2 晋升、晋级记录在《职业发展规划表》中。

第14章 员工薪酬福利管理制度

14-01 薪酬福利制度

薪酬福利制度

1 目的

为了规范公司的工资管理,按照公司经营理念和管理模式,遵照国家有关劳动人力资源管理政策和公司其他有关规章制度,特制定本制度。

2 适用范围

适用于公司对全体工薪员工的工资进行管理的相关事宜。

3 原则

3.1 按照各尽所能、按劳分配原则,坚持工资增长幅度不超过本公司经济效益增长幅度,职工平均实际收入增长幅度不超过本公司劳动生产率增长幅度的原则。

3.2 结合公司的生产、经营、管理特点,建立起公司规范合理的工资分配制度。

3.3 以员工岗位责任、劳动绩效、劳动态度、劳动技能等指标综合考核员工报酬,适当向经营风险大、责任重大、技术含量高、有定量工作指标的岗位倾斜。

3.4 构造适当工资档次落差,调动公司员工积极性的激励机制。

4 年薪制

4.1 适用范围。

4.1.1 公司董事长、总经理。

4.1.2 下属法人企业总经理。

4.1.3 董事、副总经理是否适用,由董事会决定。

4.2 工资模式。公司经营者与其业绩挂钩,其工资与年经营利润成正比。

$$年薪 = 基薪 + 提成薪水(经营利润 \times 提成比例)$$

4.2.1 基薪按月预发,根据年基薪额的1/12支付。

4.2.2 提成薪水,在公司财务年度经营报表经审计后核算。

4.3 实行年薪制职员须支付抵押金。若经营业绩不良,则用抵押金充抵。

4.4 年薪制考核指标还可与资产增值幅度、技术进步、产品质量、环保、安全等指标挂钩,进行综合评价。

4.5 年薪制须由董事会专门作出实施细则。

5 正式员工工资制

5.1 适用范围。公司签订正式劳动合同的所有员工。

5.2 工资模式。采用结构工资制。

员工工资=基础工资+岗位工资+工龄工资+奖金+津贴

5.2.1 基础工资。参照当地职工平均生活水平、最低生活标准、生活费用价格指数和各类政策性补贴确定,在工资总额中占____%(如40%～50%)。

5.2.2 岗位工资。

(1)根据职务高低、岗位责任繁简轻重、工作条件确定。

(2)公司岗位工资分(如5类18级)等级序列,见正式员工工资标准表,分别适用于公司高、中、初级员工,其在工资总额中占____%(如20%～30%)。

5.2.3 工龄工资。

(1)按员工为企业服务年限长短确定,鼓励员工长期、稳定地为企业工作。

(2)年功工资根据工龄长短,分段制定标准,区分社会工龄、公司工龄。

(3)年功工资标准见正式员工工资标准表。

5.2.4 奖金(效益工资)。

(1)根据各部门工作任务、经营指标、员工职责履行状况、工作绩效考核结果确立。

(2)绩效考评由人力资源部统一进行,与经营利润、销售额、特殊业绩、贡献相联系。

(3)奖金在工资总额中占____%(如30%)左右,也可上不封顶。

(4)奖金考核标准见正式员工工资标准表。

(5)奖金通过隐秘形式发放。

5.2.5 津贴。

(1)包括有交通津贴、伙食津贴、工种津贴、住房津贴、夜班津贴、加班补贴等。

(2)各类津贴见公司补贴津贴标准。

5.3 关于岗位工资。

5.3.1 岗位工资标准的确立、变更。

(1)公司岗位工资标准经董事会批准。

(2)根据公司经营状况变化,可以变更岗位工资标准。

5.3.2 员工岗位工资核定。员工根据聘用的岗位和级别,核定岗位工资等级,初步确定岗位在同类岗位的下限一级,经1年考核,再调整等级。

5.3.3 员工岗位工资变更。根据变岗变薪原则,晋升增薪,降级减薪。工资变更从岗位变动的后1个月起调整。

5.4 关于奖金。

5.4.1 奖金的核定程序。

(1)由财务部向人力资源部提供各部门、子公司、分公司完成利润的经济指标数据。

(2)由行政部向人力资源部提供各部门员工的出勤和岗位职责履行情况记录。

(3)人力资源部依据汇总资料,测算考核出各部门员工定量或定性的工作绩效，确定每个员工效益工资的计算数额。

（4）考核结果和奖金计划经公司领导审批后，发放奖金。

5.4.2 奖金的发放，与岗位工资一同或分开发放。

5.5 关于工龄工资。

5.5.1 员工1年内实际出勤不满半年的，不计当年工龄，不计发当年工龄工资。

5.5.2 试用期不计工龄工资，工龄计算从试用期起算。

5.6 其他注意事项。

5.6.1 各类假期依据公司请假管理办法，决定工资的扣除。

5.6.2 各类培训教育依据公司培训教育管理办法，决定工资的扣除。

5.6.3 员工加班、值班费用，按月统计，计入工资总额。

5.6.4 各类补贴、津贴依据公司各类补贴管理办法，计入工资总额。

5.6.5 被公司聘为中、高级的专业技术人员，岗位工资可向上浮动1～2级。

5.6.6 在工作中表现杰出、成绩卓著的特殊贡献者，因故能晋升职务的，可提高其工资待遇，晋升岗位工资等级。

6 非正式员工工资制

6.1 适用范围：订立非正式员工劳动合同的临时工、离退休返聘人员。

6.2 工资模式：简单等级工资制，见非正式员工工资标准表。

6.3 人力资源部需会同行政部、财务部对非正式员工的工作业绩、经营成果、出勤、各种假期、加班值班情况汇总，确定在其标准工资基础上的实发工资总额。

6.4 非合同工享有的各种补贴、津贴一并在月工资中支付。

7 附则

7.1 公司每月支薪日为××日。

7.2 公司派驻下属企业人员工资由本公司支付。

7.3 公司短期借调人员工资由借用单位支付。

7.4 公司实行每年13个月工资制，即年底发双月薪。

7.5 以上工资均为含税工资，根据国家税法，由公司统一按个人所得税标准代扣代缴个人所得税。

14-02 员工福利管理办法

员工福利管理办法

1 目的

根据公司企业理念，为了给员工营造一个良好的工作氛围，吸引人才，鼓励员工长期为企业服务以增强企业的凝聚力，促进企业发展，特制定本制度。

2 适用范围

公司全体员工。

3 福利的种类及标准

3.1 社会保险。

3.1.1 公司按照《劳动法》及其他相关法律规定为正式员工（包括合同工和劳务派遣员工）缴纳养老保险、医疗保险、工伤保险、失业保险，为临时用工人员及退休返聘员工购买商业保险。

3.1.2 公司与参保员工缴费比例。

（1）基数：各项社会保险费的缴费基数为用人单位职工本人上月工资收入总额，职工本人工资按照国家统计局规定的列入工资总额统计的项目确定。具体内容参见相关保险规定条例。

（2）各项社会保险费的缴费比例，见下表。

各项社会保险费缴费比例

项目	单位缴费比例	个人缴费比例
基本养老保险	20%	8%
失业保险	2%	1%
基本医疗保险	6.5%	2%
工伤保险	1.2%	个人不缴纳

3.2 各种补助。

3.2.1 各种补助见下表。

各种补助

项目	金额	备注	费用列支
工作餐补助	正餐15元/人·餐 延时餐10元/人·餐	按加班计划充至餐卡上，次月按实际考勤结算	公司
夏季饮料费	300元/人·年	每年7、8、9月初以现金形式发放	公司
冬季取暖费	300元/人·年	每年12、1、2月初以现金形式发放	公司
住房补贴费	50元/人·月	每年12月以现金形式发放	公司
吊慰金	上年度公司人均月工资收入的50%	父母、配偶或子女	公司
因病住院慰问品	价值50～100元的营养品	由工会派人带等额的慰问物品前去看望	工会
灾害补助金	（1）1000元（财产全部损失的） （2）500元（财产损失一半以上的） （3）300元（其他程度的损失的）		公司

3.2.2 节日贺礼见下表。

节日贺礼

节日	形式和标准	费用列支
春节	组织活动,同时为每位员工发送过年红包,活动费用及红包金额由公司总经理根据当年公司经营状况确定	公司
三八国际妇女节	给女员工发放节日礼品,或组织庆祝活动,费用不超过100元/人	工会
端午节	给全体员工发放节日礼品,费用不超过100元/人	公司
国庆(或中秋)节	给全体员工发放节日礼品,或组织庆祝活动,费用不超过100元/人	公司

3.2.3 其他贺礼(公司列支)见下表。

其他贺礼

项目	金额	备注
结婚贺礼	200元	领取结婚证半年内有效,由管理部发放至员工手上
生育贺礼	200元	配偶生育者减半
生日贺礼	30～50元(根据市场物价变化调整)	员工生日当天(以员工身份证上的出生日期为准)发放与金额等值的物品

3.3 员工教育培训。为不断提升员工的工作技能和员工自身发展,企业为员工定期或不定期地提供相关培训,具体内容参见公司培训实施要领。

3.4 劳动保护。

3.4.1 因工作原因需要劳动保护的岗位,公司必须发放在岗人员劳动保护用品。

3.4.2 员工在岗时,必须穿戴劳动用品,并不得私自挪作他用。员工辞职或退休离开公司时,须到管理部交还劳保用品。

3.4.3 其他未尽事宜请参见公司《劳动保护用品发放管理规定》。

3.5 女职工福利。

3.5.1 公司按季度以购物券的形式发放女职工卫生费,标准为100元/人。公司列支。

3.5.2 女职工在怀孕期间,按国家有关规定,不安排其从事第三级体力劳动强度的劳动和孕期禁忌从事的劳动,并限制在正常劳动日以外延长劳动时间;对不能胜任原劳动的,应当根据医院的证明,予以减轻劳动量或者安排其他劳动。

3.5.3 怀孕七个月以上(含七个月)的女职工,一般不再安排其从事夜班劳动;经部门内协调,可推迟1小时上班,提前1小时下班。

3.5.4 怀孕期间的女职工,在劳动时间内进行产前检查,应当算作劳动时间。

3.5.5 怀孕期间的女职工，经报管理部备案，可在公司享受10元/餐的工作餐。

3.5.6 有不满一周岁婴儿的女职工，工作日内给予其两次哺乳（含人工喂养）时间，每次三十分钟。多胞胎生育的，每多哺乳一个婴儿，每次哺乳时间增加三十分钟。女职工每班劳动时间内的两次哺乳时间，可以合并使用。哺乳时间和在本单位内哺乳往返途中的时间，算作劳动时间。

3.5.7 女职工在哺乳期内，不得安排其从事国家规定的第三级体力劳动强度的劳动和哺乳期禁忌从事的劳动，不得安排加班，一般不得安排其从事夜班劳动。

3.6 其他福利。

3.6.1 员工健康体检。

（1）公司每年组织员工进行一次常规体检（血常规、B超、心电图、肝功、两对半、胸透、外科普查，已婚妇女增加妇科检查）；特殊岗位按国家相关规定执行。

（2）体检医院为公司指定医疗机构，体检费由公司支付。

（3）对身体检查乙肝两对半无抗体的员工由公司支付该项费用为其接种疫苗。

3.6.2 为丰富员工的业余生活，培养员工积极向上的道德情操，公司可根据情况适当组织旅游、文体活动等。

4 员工福利管理

4.1 管理部于每年年底将福利资金支出情况编制成相关总结报表，并作出次年的福利资金支出预算，报总经理室审核。

4.2 福利金的收支账务程序比照一般会计制度办理，所有支出都需提交公司总经理审核。

14-03 伤病、重大灾害及丧葬补助办法

伤病、重大灾害及丧葬补助办法

1 目的

为加强职工福利，增进其生活保障，特制定本办法。

2 适用范围

适用于公司对伤病、重大灾难及丧葬补助进行管理的相关事宜。

3 具体内容

3.1 职工本人或其配偶、直系亲属因伤病住院时，填具申请书，并检附户口本（职工本人免附）、住院证明书及医疗费用单据，提送职工福利社申请补助。

3.2 伤病补助费的给付标准。

3.2.1 职工本人得申请补助保险机构给付津贴的全部医疗费用，但自第一次住院日一年内，其累积总额以3000元为限。

3.2.2 配偶或直系血亲得申请补助半数医疗费用，但每一眷属自第一次住院日起一年内，其累积总额以1000元为限。

3.3 职工本人或其亲属如因施行整容、整形或违反生理的手术等，及因自戕而致伤病时，均不得申请补助。

3.4 申请水灾、火灾、风灾、地震或其他无可避免的重大灾害补助费，须由职工本人或其眷属于灾害发生后，填具申请书，并检附本公司同事2个证明文件，提交职工福利委员会核定。

3.5 重大灾害补助的给付，须由本会委员2人查明实际受害情形后，核定补助金额，但最多以5000元为限。

3.6 申请丧葬补助费应由申请人于事实发生后，填具申请书，并附户口本、死亡证明书，提送职工福利社核发。

3.7 丧葬补助费给付标准。

3.7.1 职工本人补助5000元。

3.7.2 配偶或其直系血亲每人补助1000元。

3.8 丧葬补助费的受益人，如无特别指定（指定受益人须由职工本人自动向福利社登记）其受益顺序如下。

3.8.1. 配偶。

3.8.2 子女。

3.8.3 父母。

3.9 申请各项补助费，如发现有伪造证件冒领等事情除追回款项外，并报请议处。

第15章 绩效考核与激励管理制度

15-01 绩效管理制度

绩效管理制度

1 目的

为了客观评价员工在一定时期内所表现出来的能力、努力程度以及工作实绩；合理配置人员，保障组织的有效运行；给予员工与其贡献相应的激励以及公正合理的待遇，激发员工的工作热情和提高工作效率，特制定本制度。

2 适用范围

适用于公司各部门、部门经理或总监及经理以下员工的考核。

3 管理规定

3.1 原则

3.1.1 以绩效为导向原则。

3.1.2 定性与定量考核相结合原则。

3.1.3 公平、公正、公开原则。

3.1.4 多角度考核原则。

3.2 考核体系

3.2.1 考核内容。

（1）部门考核：部门季度考核主要根据各部门签订的绩效合约的指标制定的各部门KPI绩效考核表，由人力资源部经理和总经理进行考评，半年进行一次；部门年度考核结果由季度考核结果汇总综合计算得出。

（2）中层、一般管理人员：工作绩效考核（业绩纬度）来源于部门月度工作计划，每月末各部门需将部门本月工作总结及下月工作计划（一定要明确责任人）报人力资源部和总经办，作为考评依据；部门留存一份，作为工作安排及监督依据。

月工作计划需分解到周工作计划，月工作计划的完成情况是对周工作计划完成情况的汇总。工作职能（态度和能力等纬度）按照绩效考核指标进行。个人绩效考核结果由各部门汇总在每月7日前以"部门月度绩效考核汇总表"报人力资源部，同时上交个人定期绩效考核。

（3）一般员工：考核月度、年度综合工作表现。

3.2.2 考核指标的管理。

（1）部门经理、一般管理人员的工作计划及总结考核指标由人力资源部负责设计统一格式，各部门负责人每月按照要求组织填写、上报。

（2）部门经理、一般管理人员的工作职能（个人态度与能力等）考核指标由人力资源部负责设计、更新。

（3）一般员工月度绩效考核报表由各人力资源部设计统一格式，各部门相关主管人员或部长按照要求考核并填写。

3.2.3 考核方式。

（1）一般员工的考核实行直接主管（或上一级主管）直接打分，上一级主管审核的方式。

（2）中层、一般管理人员的考核实行直接主管评分方式。

3.3 考核实施

3.3.1 考核机构及职责。公司成立考核管理委员会（非正式常设机构）作为考核工作领导机构，也是考核申述的最高权力机构。考核小组构成：公司总经理、人力资源部经理、总经理助理、投诉（裁决）部门负责人。具体见下表。

考核机构及职责

组织机构	绩效管理职责
总经理	与中高层进行沟通，合理分解公司年度目标，确保目标体系间的逻辑性与科学性，并依此对各部门进行业绩考核与绩效改进
各部门经理	结合各岗位职责，将部门目标分解到相应岗位，并签订绩效合约；考核周期结束时进行绩效考核与绩效改进
人力资源部	是绩效管理主要机构，负责考核的组织、资料准备、政策解释、协调、员工申诉和总结；负责提供各类绩效管理工具，提出绩效管理方案与建议，协调组织各类绩效管理事务工作，提供各类绩效管理培训；依据绩效结果进行绩效激励
考核管理委员会	考核工作领导机构，是绩效管理政策、制度等的决策机构，也是考核申述的最高权力机构

3.3.2 考核对象与考核周期见下表。

考核对象与考核周期

考核对象		考核周期	月度考核	季度考核	半年考核	年度考核
部门考核				√		√
个人	部门中层		√	√		√
	一般管理人员、一般员工		√	√		√

3.3.3 考核时间。月度考核于次月初7日内完成；季度考核与3月、6月、9月、

12月月度考核同时进行；年度考核于次年1月15日前完成。

3.3.4 月度考核程序。

（1）人力资源部于每月25～30日之间将各部门所有被考核人的定期考核表发放到各自的手中，同时发放各职位所需的"周边绩效调查表""下属调查表"。

（2）各部门被考核人员于月末根据月度考核表中月度工作总结报告的主要工作事项按照公司规定的统一格式填写部门工作总结及下月工作计划。

（3）每月2日之前各部门被考核人根据上月工作总结进行自评。

（4）每月3日之前人力资源部将已发给各部门的"周边绩效调查表""下属调查表"收回来同时检查考评结果，再将有考评结果的"周边绩效调查表""下属调查表"发给相应被考核人。

（5）每月4日之前各部门被考核人再根据"周边绩效调查表"的结果计算相应得分填到每月定期考核的"团队合作性、沟通能力及员工满意度"项的自评处；各部门经理或总监再根据"下属调查表"的结果计算相应得分填到每月定期考核表的"部门士气"项的自评处。

（6）每月5日之前各部门被考核人将已自评完毕的定期考核表、上月工作总结及下月工作计划、周边绩效调查表及下属调查表等同时交到直线领导进行考评打分，同时审核其自评的准确性。如果上月被考核人有奖罚事项或关键事项，部门主管可根据月度定期考核表奖罚事项以及关键事项的加减分规则适当的增减分，并最终确定最后得分及奖金等级，同时考核人在相应处签名。

（7）每月6日之前各部门经理将被考核人的考核结果反馈给被考核人，同时进行绩效面谈，填写绩效考核面谈表，同时要求被考核人在定期考核表"被考核人确认"处签名。

（8）每月7日之前各部门经理将本部门的月度定期绩效考核表及相应附件统一交到人力资源部。

（9）每月8日之前人力资源部经理负责审核公司所有人员的绩效考核表并签字。

（10）每月9日之前人力资源部经理将审核完毕的全公司被考核人员的绩效考核表交至人事助理处统计分类并与薪资挂钩。

（11）每月6～9日为人力资源部接受被考核者申诉的时限，过期不予受理。

（12）每月15日前人力资源部将各部门所有被考核部门及个人绩效考核结果归档。

3.3.5 季度考核程序。

（1）每逢3月、6月、9月、12月份的考核与本季度考核合并。

（2）考核程序同月度考核程序。

3.3.6 年度考核程序。

（1）每年1月10日前主管副总和总经理对各部门上一年度绩效计划完成情况进行考核。

（2）每年1月15日前人力资源部汇总各部门KPI绩效考核表得分，汇总计算个人月度考核得分得出个人年度绩效分数。

（3）每年1月20日前将公司各部门、员工的绩效得分情况及综合考核结果予以公布，考核结果存档备用。

3.4 考核结果的使用

3.4.1 年度考核结果等级分布。员工考核各等级与考核得分对应见下表。

员工考核各等级与考核得分对应表

评分等级	A（优秀）	B（良好）	C（中等）	D（需要改进）	E（不令人满意）
综合考核分值	90～100	89～80	79～70	69～60	<60
绩效工资系数	1.2		0.8	0.5	0.3
对应比例	5%	20%	50%	20%	5%

A等：（优秀）在考核区间，工作绩效或表现一贯超出岗位的基本标准要求或期望，出色地完成上级安排的工作任务，对本部门的工作产生积极的推动作用，为本部门做出了很大贡献。

B等：（良好）在考核区间，工作绩效或表现常常超出岗位的基本标准要求或期望，工作比较令人满意，也能有一定的改进和创新。

C等：（中等）在考核区间，工作绩效或表现基本达到岗位的工作要求及期望，工作质量和效率处于平均水平，没有突出成绩，但能完成本职工作。

D等：（需要改进）在考核区间，工作绩效或表现距岗位基本要求和期望有一定的差距，工作质量和效率低于平均水平，但能总结经验，不断改进。

E等：（不令人满意）在考核区间，工作绩效或表现距岗位基本要求和期望有很大的差距，工作质量和效率低于平均水平，不能通过工作改进达到岗位要求。

依据年度考核成绩，可以分为A、B、C、D、E五级，根据得分的分布情况在公司内部进行强制分布。

3.4.2 年度考核结果应用。

（1）对于年度绩效考核结果为"优"的一般员工，或者连续两年年度考核结果为"良"者，可以给予工资提升，具体办法另行规定，还应记入公司人才库，在公司内部职位空缺时，优先考虑晋升其职位。

（2）对于年度绩效考核结果为"不令人满意"的一般员工，必须转岗，且给予工资调低。

（3）对于在某一岗位考核"不令人满意"的中层管理者，作降职或免职处理。

3.4.3 月度考核结果应用。月绩效考核结果作为计算月度绩效工资的依据。

3.5 考核面谈与改进

3.5.1 考核面谈。考核的目的在于主管对下属的工作进行监督和指导,在工作思路和绩效改进上提供帮助,因此考核结束后,考核者应当与被考核者进行考核面谈,让被考核者了解自身工作的优、缺点,并对下一阶段工作的期望达成一致意见。

3.5.2 绩效改进。年度考核结束后,考核者与被考核者应共同制订《绩效改进计划》,报人力资源部备案。

3.6 考核结果的管理

3.6.1 考核指标和结果的修正:由于客观环境的变化,员工需要调整工作计划、绩效考核标准时,经考核负责人同意后,可以进行调整和修正,考核结束后人力资源部还应对受客观环境变化等因素影响较大的考核结果重新进行评定。

3.6.2 考核结果反馈:被考核者有权了解自己的考核结果,人力资源部应在考核结束后5个工作日内,向被考核者通知考核结果。

3.6.3 考核结果归档:考核结果作为保密资料由人力资源部归入被考核者个人档案并负责保存。

3.6.4 考核结果申诉:被考核者如对考核结果有异议,首先应通过双方的沟通来解决,如不能妥善解决,被考核者可向人力资源部提出申诉,人力资源部需在接到申诉之日起7日内,对申诉者的申诉请求予以答复。

3.7 临时用工的绩效考核

临时用工考核主要从其工作效率和工作质量方面进行,由临时工所属的直接主管给予打分,上一级主管审批。

15-02 经营绩效会议管理制度

经营绩效会议管理制度

1 目的

为了规范绩效会议工作,确保部门绩效的评价、沟通、诊断和提高的高效开展,特制定本制度。

2 适用范围

适用于经营绩效会议。

3 管理规定

3.1 会议目的

3.1.1 根据董事会确定的公司发展规划及年度经营目标、预算,研究制订公司周、月、季的工作计划,决定企业的经营策略。

3.1.2 对各部门的主要工作、绩效指标进行检查、评价。

3.1.3 解决各部门在经营工作中所暴露的问题、遇到的障碍，分析其原因并采取必要的策略措施。

3.1.4 协调各部门之间在计划、方法、工具、进度、人员、设备上的冲突和矛盾。

3.1.5 传达、贯彻公司的经营动态、会议精神，安排、布置新的工作任务。

3.1.6 增加各部门的团结合作，提供一个公开、公正、平等、民主的质询与辩解平台进行绩效沟通。

3.2 会议时间

每月财务月报报出的10日前后，会期半天，于上午9:00～12:00进行，具体时间按每次下发的会议通知执行。

3.3 会议主席

3.3.1 总经理或执行副总经理。

3.3.2 总经理无法主持会议时，由其指定其他副总经理代为主持。

3.4 与会人员

3.4.1 部门副经理以上人员，原则上不许缺席，部门经理因故缺席必须指定他人代为参加。

3.4.2 其他相关人员按会议通知可列席会议。

3.5 会议准备

3.5.1 各部门在本月绩效检讨会议后即确定1人（建议为经理）代表本部门进行汇报，汇报人应提前就本月本部门的汇报主题或其他重要事项进行收集、观察和记录。

3.5.2 会议通知应在召开会议前3日下发。

3.5.3 会议召开前3日，各部门将"部门绩效考核评价表"报人力资源部，人力资源部负责将其分发至公司领导和各部门。

3.5.4 汇报人可以据此提炼和补充本单元的主要业绩指标或其他汇报材料，公司领导和其他部门据此就某些重要事项或重要误差在会议上进行质询。

3.5.5 汇报资料除绩效指标外，还要包括主要指标所涵盖工作的详细分析、报告资料。

3.5.6 临时任务或短板要求或其他专项工作的详细资料。

3.5.7 上述资料的Powerpoint演示文档。

3.6 会议程序

3.6.1 按以下顺序进行报告：营销部、采购部、生产部、技术品管部、财会部、人力资源部、总经办。

3.6.2 各部门指定汇报人代表本部门进行汇报，汇报时间限制在30分钟（含简要质询、答辩所费时间，下同）。

3.6.3 与会人员可进行质询，汇报人（或相关责任人）必须对此作出合理、真实的解释说明。

3.6.4 会议主席在听取汇报、质询及辩解后，应作出必要的指示或裁决并指定负责人。

3.6.5 对较大、较复杂的工作事项，一时无法在会议上作出明确决策时，可由会议主席要求制定部门或专人在规定期限内进行专题研究并提出解决方案呈报本次会议主席。

3.6.6 绩效会结束后，由会议主席当场评价各部门的汇报质量和效果，并排序。

3.7 会议内容

3.7.1 均按照"部门绩效考核评价表"的思路和顺序进行汇报，显形业绩、短板要求、临时任务为主要汇报内容，绩效管理、学习与创新为次要汇报内容，基本职能无显著提升或错误原则上不汇报。

3.7.2 针对某项指标代表的工作业务内容，可配以图表或文字详细说明进行预算对比、计划对比、同期对比、上月对比、对手对比等分析。

3.8 其他

3.8.1 经营绩效检讨会议完成后，由总经办负责在48小时内下发书面会议纪要，主要包括各部门的主要绩效完成情况、存在问题及解决办法、新安排和布置的工作任务、会议精神或决议等。

3.8.2 人力资源部应就公司领导和各部门对"部门绩效考核评价表"的质询意见核实并修正计分。

3.8.3 各部门将此会议纪要作为未来一个月工作的指导性文件予以执行，如有必要，应制订绩效改进计划或召开局部会议安排布置落实。

3.8.4 经营绩效检讨会的决策权（董事会授权范围内）属于会议主席的职责，会议主席必须对每一议题有所明确决定。

3.8.5 在会议主席作出决策之前，所有与会人员对他人（不论职务高低）的汇报、发言均享有质询权。汇报人、发言人对所有质询必须作出合理的、真实的解释，也可指定单元内相关经理作出解释。

3.8.6 在会议中凡被会议主席决定负责执行某项工作的人，即为该项工作的授权人，若因困难无法完成所定目标时，应立即反馈，并提出寻求支持的具体要求或应采取的补救措施。被授权人若有失职，应自己负担其失职责任。

15-03　员工工作计划考核办法

员工工作计划考核办法

1　目的

为使员工自觉养成良好的工作习惯和提高员工的工作积极性，同时也便于公司对员工的工作效率、工作业绩和工作计划的达成情况进行考核，特制定本办法。

2　适用范围

适用所有员工（包括试用期员工）。

3　职责

3.1　全体员工

按工作需求计划每周、每月的工作及对自己的工作进行评价。

3.2　部门经理

确认本部门员工的计划，同行在工作时监督下属是否按其计划执行。

4　管理规定

4.1　工作流程

4.1.1　全体员工应根据《岗位职责》和公司的要求安排每周的工作，填写在"周工作计划表"内，包括本周日常工作内容重点、具体安排事情、其他部门配合情况、工作建议、工作计划中所有的任务，指标必须要具体、量化，不可过于简单或笼统。

4.1.2　部门主管、经理须对填写好后的"周工作计划表"进行检查，确认计划的合理性和可操作性，签名后将该表交还计划人。

4.1.3　计划人必须按计划内容尽心尽力完成工作任务和相应的配合事项，部门主管、经理应不时督查属下的工作情况及工作效率。

4.1.4　每个计划周、月结束后，公司所有员工都必须经过考核以确认其工作情况及工作业绩。首先计划人应参照本阶段的工作计划，将完成情况填写于"周工作计划表"中，同时还应填写"每周员工考核表"对工作情况及工作业绩进行自我评价，分析未完成任务的原因及对工作的建议和要求，然后交部门主管进行确认（部门经理的工作计划则交总经理进行确认）。

4.1.5　部门经理应客观实际的评价本部门人员的工作情况及工作业绩，同时提出相关的意见和建议。

4.1.6　考核的结果将作为公司评价员工工作业绩的依据之一。

4.2　奖罚措施

4.2.1　没有填写工作计划和考核办法的，普通员工按＿＿＿元/次处罚，部门主管按＿＿＿元/次处罚。

4.2.2　工作建议中的合理化建议，经公司评定后采纳的，公司将给予每条（项）＿＿＿元的奖励。

15-04　员工激励制度

员工激励制度

1　目的

为充分调动公司全体员工的工作积极性、创造性，发挥员工智慧和才能，塑造高效率、高绩效、高目标达成率的优秀团队，特制定本制度。

2　适用范围

适用于公司对员工激励进行管理的相关事宜。

3　激励原则

3.1　全面激励原则。对员工的激励并不只是针对部分优秀员工，而是针对所有员工运用各种激励方式进行激励，以发挥激励对全体员工的鼓励和促进作用。

3.2　激励方式差异化原则。不同的员工和同一员工在不同的时间和环境下，会有不同的需求，因此对员工的激励要因人因时因事而异，要做到激励手段的多样化和差异化，以求激励效果的最大化。

3.3　绩效考评为基础原则。对员工所采取的相应激励措施，应依据对员工的全方位的、科学的绩效考评，而不是依据管理者个人的主观好恶。

3.4　奖励和处罚相结合原则。

3.4.1　对绩效表现优秀和无论以何种形式对公司的发展做出贡献的员工，都要进行奖励。

3.4.2　对绩效表现差的员工和无论以何种形式损害公司利益的员工，都要进行处罚。

3.4.3　对工作表现累积不佳的员工和工作能力始终不能适应岗位要求的员工，以及严重违反公司规章制度或致公司遭受重大利益损失的员工，要通过员工淘汰机制进行淘汰。

3.5　公开、公平、公正原则。奖励和处罚的考核标准要公开，考核过程和评选过程要做到公平、公正，这样才能确保对员工的奖励和处罚的正面效应充分发挥，不致因不公开、不公平、不公正的奖励、处罚行为产生负面影响。

3.6　物质激励、精神激励、机会激励相结合原则。对员工的奖励不能只适用物质奖励，要将适度的物质奖励与精神激励和机会激励等有机结合起来，充分发挥各种激励手段的协同作用。

4　激励方式

公司目前主要采用以下激励方式，并将随着公司发展需要采用更多的激励方式。

4.1　薪酬激励。公司通过制定和实施具有外部竞争力和内部公平性的市场领先薪酬制度，通过对员工薪资需求的合理满足，以保证对员工的基础激励作用。

4.2　职业规划。通过全方位绩效考评，公司对工作表现好、工作绩效好、具有发展潜力的员工,将进行有针对性的个人职业生涯发展规划,为员工的能力提高和晋升提供相应的发展通道。

4.3 培训激励。

4.3.1 公司对优秀管理人员和优秀员工提供了各种内部培训和外派培训的机会,通过培训不断提升员工的工作能力,促进员工个人发展和公司发展相结合。

4.3.2 对绩效表现不佳者,公司提供岗位适应性再培训,通过培训改善员工的工作态度和提高员工的工作能力,以使绩效表现差的员工也能适应岗位要求。

4.4 职位晋升。通过全方位绩效考评,对绩效突出、素质好、有创新能力的优秀管理人员,通过岗位轮换、个性化培训等方式,从素质和能力上进行全面培养,随着公司发展,需要补充和调整人员时,优先予以提拔重用。

5 优秀奖

5.1 定义。优秀奖是指通过公开评选对工作表现好、工作能力佳、工作绩效完成好的公司员工予以公开奖励,以达到奖励先进、鼓励后进的目的。

5.2 优秀奖类别。优秀奖分为"优秀经理""优秀管理人员""优秀员工"三类。

5.3 评选范围。

5.3.1 "优秀经理"的评选范围为投资公司副总经理级以上管理人员和下属公司总裁、总经理。

5.3.2 "优秀管理人员"评选范围为各公司"主任主管级和经理级人员以及相当于主任主管级或经理级的其他人员"。

5.3.3 "优秀员工"评选范围为各公司主任主管级以下员工。

5.3.4 年度优秀奖的参选人员为所评选年度4月1日前入职且在公司连续工作满9个月的人员;季度优秀奖参选人员为所评选季度在公司连续工作满75日的员工。

5.3.5 季度优秀奖参选人员须在评选季度内未受过任何违规违纪处分(如警告、罚款、降职、被有效投诉等),同时在评选季度月度绩效考核未被评为"C""F"。

5.3.6 年度优秀奖参选人员须在评选年度内未受过任何违规违纪处分(如警告、罚款、降职、被有效投诉等),同时在评选年度月度绩效考核未被评为"F"或累积两次以上(含两次)"C"。

5.4 评选比例。

5.4.1 "优秀经理"和"优秀管理人员"获奖人员比例不得超过参选人员比例的20%。

5.4.2 "优秀员工"获奖人员比例不得超过参选人员比例的15%。

5.5 评选频率。

5.5.1 "优秀经理"为年度评选。

5.5.2 "优秀管理人员"和"优秀员工"分为年度评选和季度评选。

5.6 "优秀经理"评优标准和评选程序。

5.6.1 评优标准。

（1）具备良好职业道德。

（2）有强烈的公司荣誉感。

（3）积极落实公司董事会的有关决定。

（4）在公司规范管理和团队建设方面成效显著。

（5）超额或很好完成投资公司下达的年度经营计划、经营目标或部门工作目标。

（6）能组织相关人员，高标准、高效率地完成投资公司各领导和相关部门下达的工作任务。

5.6.2 评选程序。

（1）"优秀经理"评选由投资公司人力资源部和经营管理部负责组织。

（2）人力资源部和经营管理部协助总裁层根据"优秀经理"评优标准拟订"优秀经理"候选人名单。

（3）总裁层、投资公司各部门总经理（含副总经理）、下属公司总裁或总经理组成"优秀经理"评审委员会，对进入"优秀经理"候选人名单的候选人逐一进行投票表决。

（4）在对每一位候选人进行表决时候选人应离席回避投票表决过程。表决采用无记名投票形式，每一评审委员会成员只需写明是同意还是不同意被表决候选人入选"优秀经理"。

（5）表决过程结束后，由人力资源部和经营管理部组织验票，根据得票数从高到低初步拟订"优秀经理"名单，并报总裁层审核批准。

（6）如遇多人票数相同现象，由总裁层综合考虑各方面情况确定入选"优秀经理"名单。

（7）"优秀经理"评选原则在次年元月25日前完成，如遇特殊情况完成时间另行通知。

（8）"优秀经理""年度优秀管理人员"和"年度优秀员工"的颁奖活动原则上与春节联欢晚会同步进行，如遇特殊情况另行通知。

5.7 "优秀管理人员"评优标准和评选程序。

5.7.1 评优标准。

（1）具备良好职业道德。

（2）有强烈的公司荣誉感。

（3）诚实守信，责任心强，能严格要求自己。

（4）CS评价良好，没有发生过客户或同事的有效投诉。

（5）能自主开展职责范围内的管理工作，管理规范，效果显著。

（6）善于发现问题，能提出合理化建议，为公司事业发展献计献策。

5.7.2 评选程序。

（1）"季度优秀管理人员"评选以公司为单位，由公司各部门按部门管理人员人数30%比例提出候选人名单，报所在公司人力资源部或人力资源行政部。

（2）所在公司人力资源部或人力资源行政部对部门提报名单进行审核，初步审核符合条件的方可列入正式候选人名单。

（3）所在公司人力资源部或人力资源行政部组织所属公司全体员工，对列入正式候选人名单的管理人员进行投票表决，按得票票数从高到低初步拟订"季度优秀管理人员"名单。

（4）投资公司"季度优秀管理人员"名单拟订后，报投资公司总裁层审批确定；下属公司"季度优秀管理人员"名单拟订后，报投资公司人力资源部审批确定。

（5）"季度优秀管理人员"评选在每一季度结束后，下一季度第一个月前15日内，完成评选和颁奖活动。

（6）"年度优秀管理人员"评选程序同前（1）～（5）项"季度优秀管理人员"评选程序，但下属公司"年度优秀管理人员"名单需报投资公司总裁层审批确定。

5.8 "优秀员工"评优标准和评选程序。

5.8.1 评优标准。

（1）热爱公司。

（2）认同公司价值观。

（3）适应公司文化。

（4）遵守公司《职员手册》。

（5）团结同事，有良好的团队协作精神。

（6）工作有主动性、创造性，开拓创新精神强。

（7）热爱并专注于自己工作，超额完成各项工作任务，能为客户提供最完善的服务。

5.8.2 评优程序。

（1）"季度优秀员工"由各公司各部门负责人以部门为单位组织具体评选活动。

（2）部门负责人和员工直接主管组成部门评选小组，按部门内部人数30%比例拟订候选人名单。

（3）各部门评选小组组织部门全体员工，对列入候选名单的员工进行投票表决，按得票票数从高到低初步确定"季度优秀员工"名单。

（4）所属公司人力资源部或人力资源行政部按"优秀员工"标准，对各部门提报"季度优秀员工"进行审核；下属公司"季度优秀员工"报所属公司总经理审批确认；投资公司"季度优秀员工"报总裁层审批确认。

（5）"季度优秀员工"的评选在每一季度结束后，下一季度第一个月前15日内，完成评选和颁奖活动。

（6）下属公司"季度优秀员工"名单需抄报投资公司人力资源部备案。

（7）"年度优秀员工"评选程序同前（1）到（6）项"季度优秀员工"评选程序，但下属公司"年度优秀员工"需报投资公司总裁层审批确定。

5.9 奖项设置和奖金标准。

5.9.1 对"优秀经理""优秀管理人员"和"优秀员工"的奖励以荣誉奖励为主，物质奖励为辅。

5.9.2 对"优秀经理""优秀管理人员"和"优秀员工"的奖项设置为荣誉证书、优秀奖徽章、现金奖励。

5.9.3 对"年度优秀经理"和"年度优秀管理人员"和"年度优秀员工"的现金奖励标准由投资公司董事会根据每年经营计划和经营目标的完成情况确定。

5.9.4 对"季度优秀管理人员"和"季度优秀员工"的现金奖励标准由各公司根据所在公司实际情况确定并按流程报批后执行。

6 合理化建议

6.1 定义。合理化建议是指员工针对公司管理的各项工作存在的问题或不足，及时提出的书面的、科学的、合理的改进解决方案。

6.2 合理化建议受理范围。

6.2.1 管理制度、管理方法的改善。

6.2.2 工作方法、工作程序的改善。

6.2.3 新产品经营项目的开发建议。

6.2.4 业务往来、业务开发的建议。

6.2.5 员工福利、待遇改善的合理化建议。

6.2.6 市场开拓、营销策划的合理化建议。

6.2.7 提高公司凝聚力和工作绩效的合理化建议。

6.2.8 职务范围内，重大突破性的合理化建议。

6.2.9 非职务范围内，有利于公司发展的各项合理化建议。

6.2.10 其他各项有利于公司发展、公司形象的合理化建议。

6.3 任何合理化建议，均需员工本人详细写明合理化建议的可行性、合理化建议的实施方案和工作流程等。

6.4 各部门应及时将本部门提出的合理化建议及方案，报送所属公司人力资源部或人力资源行政部备案；下属公司所采用的合理化建议，需报送投资公司人力资源部备案。

6.5 对有实施效益的合理化建议，所属公司人力资源部或人力资源行政部，需会同提出合理化建议的员工所在部门的主管进行成果评估，并以此作为奖励的基础。

6.6 对员工提出的合理化建议方案，一经公司采纳，投资公司由总裁层批准，下属公司由总经理批准即可给予一定的奖励。

7 员工淘汰

7.1 定义。员工淘汰是指对不符合公司岗位任职资格要求的员工,按劳动法的相关规定予以辞退或开除。员工淘汰分为常规淘汰和末位淘汰。

7.1.1 常规淘汰。是指公司按劳动法或企业内部规章制度的相关规定,对在日常工作中严重违反公司相关规章制度或因故意或重大过失行为,而给公司造成重大利益损失的员工,予以辞退或开除的行为。

7.1.2 末位淘汰。是指公司为满足竞争的需要,通过科学的考评手段,对员工进行合理排序,并在一定的范围内,实行奖优罚劣,对排名靠后且不能胜任工作的员工,以一定的比例予以调岗、降职、降薪或下岗、辞退的行为。

7.2 末位淘汰分类。末位淘汰分为月度考核淘汰、年中排名淘汰和年终排名淘汰。

7.2.1 月度考核淘汰是指根据月度考核结果对员工实行的淘汰。

7.2.2 年中排名淘汰是指根据对员工在1月~6月半年内的月度考核得分累积进行硬性排序,对排名靠后一定比例的员工实行淘汰。

7.2.3 年终排名淘汰是指根据对员工在一年内月度考核得分累积进行硬性排序,对排名靠后一定比例的员工实行淘汰。

7.3 末位淘汰范围。

7.3.1 对于月度考核淘汰,连续三次得"C"或累积四次得"C"的员工,及连续两次得"F"或累积三次得"F"的员工,将进入拟淘汰名单。

7.3.2 对于年中和年终排名淘汰,得分排名在后面5%比例的员工将进入拟淘汰名单。

7.4 末位淘汰机制。

7.4.1 进入拟淘汰名单的员工只是拟淘汰对象,并不必然被淘汰到外部劳动力市场;所在公司人力资源部或人力资源行政部和拟淘汰员工所在部门要联合对进入拟淘汰名单的员工进行二次考评,确定员工绩效表现差的主要原因,以区别对待。

7.4.2 对进入拟淘汰名单,但工作表现好,而工作绩效差的员工,可以根据对员工的工作能力和发展潜力的重新考评,对员工进行岗位适应性再培训以使员工适应岗位要求,或在公司内部为员工调整新的岗位,给员工重新就业的机会。

7.4.3 对进入拟淘汰名单,工作表现和工作绩效都差且不能胜任工作的员工,可以按劳动法和公司相关规定直接置换到外部劳动力市场。

第16章　员工关系管理制度

16-01　劳动合同管理制度

劳动合同管理制度

1　目的

为面向市场转换企业经营机制，深化改革企业用工制度，加强劳动关系的民主法制建设，保障企业和员工的合法权益，充分调动员工的积极性，增强企业活力，根据国家、省、市劳动人力资源有关法规，特制定本制度。

2　适用范围

适用于公司与全体在职员工签订劳动合同的相关管理。

3　原则

劳动合同是本公司员工与公司在平等自愿、协商一致的基础上，通过签订劳动合同明确双方权利和义务。

4　劳动合同的订立与期限

4.1　劳动合同经公司与员工双方签字盖章后即生效。劳动合同一式两份，员工执一份，另一份由公司保管。合同期内双方应严格执行合同条款。

4.2　劳动合同是确立本公司与员工劳动关系的协议，劳动合同包括以下内容。

4.2.1　双方当事人基本情况。

4.2.2　合同期限（含试用期）。

4.2.3　工作内容和工作地点。

4.2.4　工作时间和休息休假。

4.2.5　劳动报酬。

4.2.6　社会保险。

4.2.7　劳动保护、劳动条件和职业危害防护。

4.2.8　劳动纪律。

4.2.9　劳动合同变更、劳动合同的解除或终止。

4.2.10　违反劳动合同的责任。

4.2.11　劳动争议处理。

4.2.12　双方其他约定。

4.3　劳动合同期限由公司根据工作岗位特点、工种和员工本人的情况及意愿与员工协商一致后签订，采用固定期限或无固定期限形式。

4.3.1 公司中层以上管理人员，经双方协商可签订3年以上（含3年）劳动合同。

4.3.2 本公司有执业资格证书的在岗技术骨干、业务骨干、助理或主管人员，经双方协商一般签订2年期劳动合同。

4.3.3 其余员工经双方协商一般签订3年期劳动合同。

4.4 劳动合同期限三个月以上不满一年的，试用期不超过一个月；劳动合同期限一年以上不满三年的，试用期不得超过二个月；三年以上固定期限和无固定期限的劳动合同，试用期不得超过六个月。

4.5 为了进一步规范合同管理，使其在人力资源用工管理工作中更好地发挥应有的作用，公司将与全体上岗员工签订上岗合同。

4.6 为了更好地促进公司的发展，维护公司与劳动者双方权利和义务的对等，保证聘用双方劳动关系和谐稳定，公司《保密、竞业禁止管理办法（试行）》中所规定的关键岗位人员还必须订立《保密、竞业禁止协议》，以保障公司商业、技术及工作秘密的安全，防止公司无形资产的流失。

5 劳动保护和劳动条件

5.1 公司根据岗位要求为员工提供符合国家规定的劳动保护条件。员工必须严格遵守公司的各项规章制度，自觉增强自我保护意识。

5.2 员工对由于自身不遵守公司的规章制度所造成的损失负责。

6 劳动报酬

6.1 员工享有根据多劳多得、按劳分配和按生产要素分配获得工资和奖励的权利，享受劳动保险和本公司规定的各项福利待遇。

6.2 员工的薪酬待遇，具体按公司现行的薪酬制度执行。

6.3 正式签订劳动合同的员工的保险待遇，按国家有关规定和公司有关制度执行。

6.4 员工患职业病或因工负伤以及女员工孕期、产期、哺乳期间的待遇，及员工因工或因病死亡的丧葬补助费、供养直系亲属抚恤费，按国家有关规定执行。

6.5 员工患病或非因工负伤，按医疗保险有关规定执行。

6.6 员工劳动合同期内患病或非因工负伤，需要停止工作医疗时，按照国家有关规定给予相应时间的医疗期，医疗期满后不能从事原工作或不能从事公司安排的工作的予以解除或终止劳动合同。

6.7 员工非因工致残和经医生或医疗机构认定患有难以治疗的疾病，医疗期满，应由劳动鉴定委员会参照工伤与职业病致残程度鉴定标准进行劳动能力的鉴定。被鉴定为一至四级的，应当退出劳动岗位，并办理有关手续。

6.8 员工达到法定退休年龄，符合退休条件的，按国家有关规定办理手续，享受有关规定的退休待遇。

7 民主管理和劳动纪律

7.1 工会是员工的代表，工会主席是工会的法定代表人，全体员工依法享有参加工会组织的权利。

7.2 工会在维护公司利益的同时，维护员工的合法权益。

7.3 工会对公司制定和执行各项法规给予协助与监督，有权提出建议。

7.4 劳动合同期内，员工应严格遵守国家的法律、法规，遵守社会公德，遵守公司的各项规章制度。

7.4.1 员工在任何时候都不得使用或向非本公司员工的任何人泄露任何与公司经营有关的信息，并对公司所有贸易秘密和商业资料严加保密。

7.4.2 员工在公司工作期间所取得的全部资料、文件、客户等，应是公司的财产，合同期或合同期满，无论是公司还是员工提出终止合同，员工都必须并有责任将所有的资料全部交还公司。

7.4.3 员工提出解除劳动合同的，一年内不得从事与公司业务有实质性相似或相竞争的商业活动，如有违反，必须赔偿由此给公司造成的所有直接和间接的经济损失。

8 劳动合同的变更、解除、终止和续订

8.1 因公司进行用人制度、分配制度的改革，原员工与公司签订的劳动合同未到期的，在平等自愿、协商一致的基础上变更劳动合同的相关内容；如员工与公司签订的劳动合同已到期的，一律按本制度续订劳动合同。员工工作岗位发生变动，经双方协商劳动合同的相关内容也随之发生变更。

8.2 公司与员工协商一致，可以解除劳动合同。

8.3 员工解除劳动合同时，应当提前30天以书面形式通知本公司。试用期员工解除劳动合同时，应当提前3日以书面形式通知本公司。

8.4 下列情况员工可以解除劳动合同。

8.4.1 公司未按规定支付劳动报酬或提供劳动条件的。

8.4.2 公司以暴力、威胁或非法限制人身自由的手段强迫劳动的。

8.4.3 在试用期内的。

8.5 公司在追究其他责任的同时可以与该员工解除劳动合同的情况。

8.5.1 员工在本公司工作期间，以任何形式参与其他单位业务工作者。

8.5.2 销售货款超过规定期限不上交公司财务或拖欠公款三个月不还者。

8.5.3 员工违法犯罪被中国司法机关追究刑事责任者。

8.5.4 无正当理由拒绝出勤或不服从分配、调动工作者。

8.5.5 因违纪受到行政处罚在六个月内又违纪者。

8.5.6 以欺骗或其他手段伪造重要经历被公司录用者。

8.5.7 在公司内进行暴力、威胁、伤害或有类似行为发生者。

8.5.8 故意损坏公司的设备、器具、药品及其他物品或造成重大灾害事故者。

8.5.9 在试用期间被证明不符合录用条件者。

8.6 公司提前30日以书面形式通知员工本人或者额外支付一个月工资后,可以解除劳动合同的情况。

8.6.1 员工患病或者非因工负伤,在规定的医疗期满后不能从事原工作,也不能从事由用人单位另行安排的工作的。

8.6.2 员工不能胜任工作,经过培训或者调整工作岗位,仍不能胜任工作的。

8.6.3 劳动合同订立时所依据的客观情况发生重大变化,致使劳动合同无法履行,经公司与员工协商,未能就变更劳动合同内容达成协议的。

8.7 公司不得解除劳动合同的情况。

8.7.1 在规定的医疗期内的(违法违纪者除外)。

8.7.2 患有职业病或因工负伤,并经劳动鉴定委员会确认完全丧失或部分丧失劳动能力的(违法违纪者除外)。

8.7.3 女员工在孕期、产期、哺乳期的(违法违纪者除外)。

8.7.4 法律、法规规定的其他情形。

8.8 劳动合同期限已满,但女工保护期、员工患病或非因工负伤停工医疗期未满,应续延劳动合同期至女工保护期、停工医疗期满之日(当事人自愿终止的不受此限)。因工致残、患职业病的员工劳动合同期满应当续订合同,有违法违纪行为按有关规定处理。

8.9 劳动合同期限届满,应立即终止执行。双方如有续订意向,任何一方应在合同期满前一个月内提出。

8.10 经济补偿按员工在本公司工作的年限,每满一年支付一个月工资的标准向员工支付。六个月以上不满一年的,按一年计算;不满六个月的,向员工支付半个月工资的经济补偿。

8.11 员工月工资高于市级人民政府公布的本地区上年度职工月平均工资三倍的,向其支付经济补偿的标准按职工月平均工资三倍的数额支付,向其支付经济补偿的年限最高不超过十二年。

本条所称月工资是指员工在劳动合同解除或者终止前十二个月的平均工资。

9 违反劳动合同的责任

9.1 劳动合同必须全面履行,双方任何一方违约,应按《劳动合同法》及有关规定承担违约责任。

9.2 公司出资培训,一年内累计培训费及因培训发生的其他费用(含学历奖励)在10000元以上(含10000元)的员工,必须自培训结束后为公司服务5年,否则在办理离职手续时,必须按每年20%的比例退回上述费用。

9.3 与公司签订的其他协议如住房协议等,双方任何一方违约,应按相关协议承担违约责任。

10 劳动争议处理

10.1 本公司成立劳动争议调解委员会，负责公司内部因履行劳动合同发生争议的调解，其办事机构设在工会。

10.2 因履行劳动合同发生争议，当事人应在发生争议之日起三十日内向本公司劳动争议调解委员会提出书面申请。公司劳动争议调解委员会受理劳动争议，从受理之日起三十内结束，到期未结束，视作调解不成。

10.3 因履行劳动合同发生争议，当事人可以从争议之日起一年内或从本公司劳动争议调解委员会调解不成三十天内，向市劳动争议仲裁委员会提出书面仲裁申请。

16-02　员工关系管理办法

员工关系管理办法

1　目的

为规范公司的员工关系管理工作，创建和谐的劳资合作关系，特制定本办法。

2　适用范围

公司所有在职员工，包括试用期员工、临时工。

3　管理内容

3.1　员工关系管理作为人力资源管理的一个子项目，在公司里将发挥其独特的管理效用。员工关系管理至少应包括以下内容。

（1）劳动关系管理：劳动合同管理、劳资纠纷管理、满意度调查以及人事异动管理。

（2）员工活动管理：发起组织各种员工活动的管理。

（3）沟通机制的建立：员工访谈、家属沟通、员工申诉。

（4）员工关怀：重大事件时的慰问、节假日时的祝福。

（5）心理辅导与疏导：在条件允许的前提下，设置专人不定期对员工的心理进行辅导，或开设心理类培训课程，缓解职场压力与家庭矛盾带来的心理隐患。

3.2　员工关系的管理应该是每一位管理者的职责，其专职管理岗位为人力资源部员工关系专员。

3.3　员工关系每期所做的满意度调查，作为各部门改进管理的依据，以后还可作为公司绩效考核的指标之一。

4　管理规定

4.1　劳动合同管理。

4.1.1　劳动合同是公司与所聘员工确定劳动关系、明确双方权利和义务的协议，凡公司员工都必须按规定签订劳动合同。

4.1.2 所有新进人员必须在入职30天内签订劳动合同，劳动合同的签订时间为员工上岗时间，签订范围为上月所有新进人员与原合同到期需续签人员。合同期一般员工为2年，管理层员工为3年。

4.1.3 调动人员在办理调动手续时，调出公司负责收回原劳动合同，调入公司负责签订新的劳动合同。

4.1.4 人力资源部在员工劳动合同期满前1个月，通知员工本人及用人部门领导，由双方协商是否续聘，并将结果及时通知人力资源部。任何一方不同意续签劳动合同的，人力资源部将按照规定提前三天通知另一方结果，并按规定办理不续签的人事手续；双方同意续签劳动合同的，人力资源部负责在合同到期前与员工签订新的劳动合同。

4.1.5 员工在试用期可以提前3天提出解除劳动合同，非试用期内要求解除劳动合同的应提前30天申请。

4.1.6 双方出现劳动纠纷时，由人力资源部根据劳动合同与员工实际表现，代表公司处理劳动纠纷。

4.2 员工活动的组织与协调。

4.2.1 人力资源部员工关系专员与行政部行政专员及其他部门志愿者1～2名，共同组建员工活动小组，负责组织各种活动小组，如篮球组、羽毛球组等，目的是增强员工之间、部门之间的联系，增进友谊，创建健康向上的工作氛围，引导积极合作的团队精神。

4.2.2 活动时间。

（1）小型活动（如员工生日会、篮球赛、乒乓球赛等），每季度一次一项。

（2）中型活动（如部门聚餐、团队建设等），每半年一次。

（3）大型活动（如年会、员工拓展活动等），每年一次。

4.2.3 经费来源。

（1）员工日常违纪罚款。

（2）员工缺勤罚款。

（3）公司提供。

4.2.4 员工关系专员负责向公司申请或筹集员工活动经费，并按计划对活动经费进行管理与控制。

4.3 员工内部沟通管理。

4.3.1 公司施行"入职指引人"制度，由部门评选出部门的核心骨干人员担任本部门入职指引人。入职指引人的职责如下。

（1）帮助本部门新员工熟悉部门运作流程，保持与人力资源部劳动关系专员的沟通，反馈新员工的工作状态和工作表现。

（2）主动为新员工解答疑难，帮助新员工处理各类事务。

（3）转正前对新员工做出客观的评价，以此作为新员工的转正依据之一。

4.3.2 员工的内部沟通主要分为正式沟通与非正式沟通两大类,正式沟通包括以下6个方面。

(1)入职前沟通。为达到"以企业理念凝聚人,以事业机会吸引人,以专业化和职业化要求选拔人"的目的,在招聘选拔面试时须将企业文化、工作职责等进行客观描述。人力资源部招聘专员负责完成对公司拟引进的一般职位的"入职前沟通",人力资源部负责人、各部门负责人与分管副总完成对中高级管理人员的"入职前沟通"。

同时,进入公司的新员工由人力资源部招聘专员负责引领新员工认识各部门入职指引人,介绍公司相关的沟通渠道、后勤保障设施等,帮助新员工尽快适应新的工作环境。

(2)岗前培训沟通。对员工上岗前必须掌握的基本内容进行沟通培训,以掌握公司的基本情况,提高对企业文化的理解和认同,全面了解公司管理制度,知晓员工的行为规范,知晓自己本职工作的岗位职责和工作考核标准,掌握本职工作的基本工作方法,从而比较顺利地开展工作,尽快融入公司,度过"磨合适应期"。

(3)试用期间沟通。为帮助新员工更加快速融入公司,度过"磨合适应期",应尽量给新员工创造一个合适、愉快的工作环境。由人力资源部、新员工所属直接和间接上级与新员工进行沟通。人力资源部经理主要负责对管理人员进行试用期间的沟通;管理人员以外的新员工沟通、引导,原则上由其所属上级及人力资源部专员负责。沟通频次要求如下。

人力资源部:新员工试用第一个月,至少面谈2次(第一周结束时和第一个月结束时);新员工试用第二、三个月(入司后第二、三个月),每月至少面谈或电话沟通1次。

新员工的入职指引人和所属直接上级:可以参照人力资源部的沟通频次要求进行。

除面谈、电话等沟通方式外,人力资源部须在每月的最后一个星期组织新员工座谈会进行沟通。

(4)转正沟通。根据新员工试用期的表现,结合《绩效管理制度》进行转正考核,在"转正申请表"上做出客观评价。沟通时机如下。

——新员工所属直接上级:进行新员工转正评价时,形成部门意见。

——人力资源部:在审核员工转正时,形成职能部门意见。

(5)工作异动沟通。为了使员工明确工作异动的原因和目的、新岗位的工作内容、责任,更顺利地融入新岗位中去,同时以期达到员工到新岗位后更加愉快、敬业的工作目的。沟通时机如下。

——人力资源部:在决定异动后正式通知员工本人前3天内。

——异动员工原部门直接上级:在接到人力资源部的员工异动决定通知后立即进行。

——异动员工新到部门直接上级：在异动员工报到上岗之日，相当于新员工的入职引导和岗前培训沟通。

（6）离职面谈。本着善待离职者原则，对于主动离职员工，通过离职面谈了解员工离职的真实原因以便公司改进管理；对于被动离职员工，通过离职面谈提供职业发展建议，不让其带着怨恨走；诚恳的希望离职员工留下联系方式，以便跟踪管理。沟通时机与要求见下表。

沟通时机与要求

时机	离职面谈责任人	要求
第一次：得到员工离职信息时或作出辞退员工决定时	原则上由人力资源部和员工所属部门经理共同组织	对于主动提出辞职的员工，员工直接上级或其他人得到信息后应立即向其部门经理和人力资源部员工关系专员反映，拟辞职员工部门经理应立即进行离职面谈，了解离职原因，对于欲挽留员工要进行挽留面谈，对于把握不准是否挽留的应先及时反馈人力资源部以便共同研究或汇报，再采取相应措施；对于主管级以上的管理人员主动辞职的，得到信息的人应先将信息第一时间反馈人力资源部经理以便决策；对于企业辞退的员工，由人力资源部组织进行第一次离职面谈
第二次：员工离职手续办清楚准备离开公司的最后一天		对于最终决定同意离职的员工，由人力资源部进行第二次离职面谈，主管级以下员工由人力资源主管进行离职面谈，主管级以上员工（含主管级）由人力资源部经理及以上负责人进行离职面谈；第二次面谈可以采取离职员工填写"离职员工谈"的相关内容方式配合完成；第二次面谈应技巧性让离职员工自愿留下联系方式，以便跟踪管理

4.3.3 非正式沟通通过以下4种形式进行。

（1）每季度的最后一个星期五下午由人力资源部组织高层管理人员与各部门基层代表的畅谈会，每期畅谈会参加的基层代表原则上是各部门员工轮流参加，畅所欲言，将自己对公司的想法、意见及不满反映给高层领导。

（2）为了解管理中存在的问题，每季度进行一次员工调查，员工匿名方式填写"员工满意度调查表"，内容包括员工对直接上级的满意度、工作的建议、对其他部门的意见等。人力资源部在调查后的一周内，将调查内容整理成文，逐级报送给公司领导阅示。

（3）在公司有重大联欢性活动时，邀请员工家属一起参加，使员工家属了解公司、熟悉公司并支持员工的工作。

（4）除正式沟通中的各类面谈外，人力资源部员工关系专员还需不定期对公司员工进行访谈，重点是各部门核心员工、技术骨干的访谈，内容包括员工现阶段工作、生活方面遇到的困难、压力、心理负担。

4.4 员工关怀管理。

4.4.1 员工关怀管理的目的是增进员工对企业的归属感与认同感，是指企业在员工遭遇重大困难时，对员工给予精神关怀或者物质帮助的一种管理过程。

4.4.2 逢重要节假日，如中秋、春节等，人力资源部员工关系组将根据公司情况，给予外派员工以及核心员工适当的慰问与祝福，让员工心有所系。

4.4.3 员工生日，由行政部发放祝福卡片，举行生日会进行庆祝。

4.4.4 员工个人或家庭遭遇重大困难时，员工关系组除代表公司送达慰问与关怀外，另根据公司领导审批情况，给予不同程度的物质协助。

4.5 员工申诉管理。

4.5.1 员工申诉管理的主要目的是尽量减少员工因在工作中可能受到的不公正、不恰当的处理而产生的不良情绪。

4.5.2 员工申诉的主要范围包括对工作安排不接受、对考核结果有异议、对上级处理结果不认同等。

4.5.3 申诉程序为：员工向直接上级投诉，如直接上级在3日之内仍未解决问题，可越级向部门经理投诉，同时也可向人力资源部经理或员工关系专员投诉，人力资源部负责在3日内解决投诉问题。

4.5.4 员工对人力资源部的处理结果不满意的，可继续向人力资源部经理提请复议，人力资源部经理有责任在一周内重新了解情况并给予处理意见。此复议为申诉处理的最终环节。

16-03 员工投诉管理办法

员工投诉管理办法

1 目的

为保护员工工作、学习、生活的合法权益，激励员工更好地为公司服务，及时发现和处理隐患问题，维护企业整体利益，特制定本办法。

2 适用范围

适用于公司所有正式员工。

3 定义

其投诉指的是针对某种侵害行为已经或将要发生，为保护公司、部门或自身利益而进行的要求立即改正的行为。

4 管理规定

4.1 投诉内容

允许员工在自认为遭遇下列各项的情形下，进行投诉。

（1）不合理的工作布置、要求。

（2）不合适的工作条件、环境。

（3）不恰当的工作报酬、福利、社会保险等。

（4）不公正的岗位、职位、工作地点、工作条件、工作要求、薪酬福利等的变动。

（5）公司任何个人或部门的违规或非法行为，该行为使公司、部门或员工个人的正当利益受到损害。

（6）不良言行、不公正对待，无论来自上级、下级或是同事。

（7）威逼、恐吓、要挟、侮辱，这种侵害或者来自上级、同事、下属，或者以暴力威胁方式或其他方式出现，无论是口头或是行动。

（8）性别歧视、残障歧视、民族歧视、性骚扰。

（9）个人隐私、个人爱好等受到侵害。

（10）其他损害公司、部门或员工利益的一切言行或任何违反公司规章制度的言行，无论其后果是否已经发生。

4.2 投诉方式

4.2.1 投诉的表述方式有两种：口头方式和书面方式（包括E-mail）。在一般情况下，两种方式为同等合适、有效的投诉方式，但在向（或针对）公司高层进行的投诉中，只允许书面投诉方式，口头方式不被许可。

4.2.2 投诉的传达方式有面对面方式、电话方式和递交（或邮寄）材料方式。除此之外的任何其他方式，如转述、在公司各种信息渠道中贴大小字报等，公司均视为不正当方式。通过不正当方式进行的投诉公司不予受理，并视为违规行为加以处理。

4.3 渠道及投诉接受人、投诉受理人

4.3.1 任何投诉必须按照规定的方式与正当的渠道进行。公司人力资源部致力于正当方式与正当渠道的建设，以保障员工合理正当的表达和投诉的权利。许可的正当渠道如下。

（1）员工直接向上级主管口头及书面投诉。

（2）员工直接向公司人力资源部的口头及书面投诉。

（3）员工直接向公司总经理书面投诉。

除此之外，其他一切渠道及方式为非正当渠道，为不正确。凡是沿非正当渠道进行的一切诉求，可判定为内部不良言行，不但不能得到支持、原谅，反而会遭到纪律的惩戒。

4.3.2 依据上述渠道接受投诉的人为投诉接受人；除上述第（3）条外，投诉受理人为公司人力资源部。第（3）条的投诉接受人可根据投诉情况直接受理或指定投诉受理人。

4.3.3 上述第（1）（2）条中的投诉接受人应在保密的前提下，迅速通知人力资源部并有义务转达，投诉接受人应正确履行管理职责，不得推诿或拒绝接受。

4.4 投诉的内容及署名

4.4.1 所有投诉,无论是口头还是书面,必须具有事实依据和真实内容,不得以臆测及虚假的内容作为投诉的依据,更不得以此对他人作恶意攻击及诽谤、诬告,一旦发现,将受到公司工作纪律的严惩直至解除劳动合同及追究法律责任。

4.4.2 所有书面投诉材料必须由投诉人亲笔签署真实姓名,以保证其严肃性。E-mail投诉需由本人邮件信箱发出。若口头投诉,必须在有关投诉记录材料上署名,并由记录人署名以保证材料真实性。

4.5 受理

4.5.1 简易处理程序。

(1)适用于日常工作投诉及口头投诉,以及人力资源部门认为可以通过简易方式处理的其他投诉。

(2)在接到投诉的3个工作日内,人力资源部门将处理结果用口头或文字方式通知投诉人及有关人士。

4.5.2 正式处理程序。

(1)针对涉及较重大事项、多部门或较复杂投诉,以及书面投诉。

(2)投诉一旦发生,投诉接受人应在自接起1个工作日内将有关投诉材料密封转交投诉受理人公司人力资源部门,投诉接受人和投诉受理人在交接过程中,均应在密封材料上签字,对该过程加以确认。确认接受无误后,人力资源部门在3个工作日内向投诉人及投诉接受人发出投诉受理通知单,在根据上述规定审查其程序后,明确通知投诉人和投诉接受人"受理"或"不受理"的决定。如决定不受理,须明确告知其原因及处理意见。

4.5.3 公司人力资源部门对于所受理的投诉的调查和处理应在7个工作日内完成,因故不能完成的,应及时与投诉人、投诉接受人进行沟通,明确告知其拖延处理的原因及预计完成的期限。

4.5.4 公司人力资源部门对于投诉的处理程序如下。

(1)与投诉人面对面的沟通,核实投诉内容与事实,倾听投诉人的陈述并做记录,结束后由谈话人在记录材料上签字。

(2)公司人力资源部门在上述基础上组织力量进行独立调研,与投诉涉及各方进行面对面的沟通与调查,在每次谈话记录上必须由谈话人签字认可;对于投诉所涉及的有重大影响、跨多个部门、问题严重或涉及公司整体重大利益的,应在及时汇报公司主管领导后,在得到授权和必要情况下,将组成联合调查组,对投诉进行处理;凡是调查过程中,没有形成明确调查处理意见,报请主管领导批准向外公布前,调查人与被调查人应履行保守公司机密的义务,任何人不得以任何方式泄露调查内容,并发表任何倾向性意见,违反者以严重、恶意违反公司规章制度论处。

(3)人力资源部门在进行客观、公正和充分的调查后,根据所得内容,参照公司规章制度的有关规定形成调查结论及处理意见,报请公司主管领导审批。在得到授权许可的情况下,人力资源部门可将调查结果与处理意见及时通报投诉人、投诉所涉及方的部门领导，征询各级领导意见，以保证调查结论的公正性和处理结果的严肃性、公正性。

（4）在调查报告和处理意见得到上级领导审核批准后，人力资源部门根据需要，组织投诉人、受投诉人（或部门代表）以及各方上级主管，召开协调通报会，宣布调查结果及处理意见。投诉涉及各方应在有关材料上签字，明确表示认可或申诉。人力资源部门认为有必要时，将调查结果和处理意见在适当的范围公开，在各方明确表示认可、不申诉的情况下，人力资源部门宣布投诉处理结束，结案归档。申诉并不影响处理的执行，申诉人应在履行公司处理意见的前提下进行申诉。

4.6 申诉

4.6.1 对于调查报告和处理意见不满或不服，或者对于调查过程中的程序或项目不满或不服，投诉涉及各方有权提出申诉。

4.6.2 申诉受理人为公司主管领导。申诉人必须以书面材料进行申诉。申诉期为自宣布结论与处理意见起7个工作日内。申诉的受理及正式处理的有关程序参照投诉的有关程序执行。

4.6.3 公司主管领导在3个工作日内作出受理或不受理的决定，并将依据申诉内容，决定是否组成独立调查组进行处理。在接受申诉的7个工作日内，申诉受理人作出最终处理意见，报公司总经理批准后，依照上述程序进行宣布处理，此结论、处理为最终结果。

4.7 宣布程序

4.7.1 宣布程序也按照上述程序执行。

4.7.2 投诉、申诉各方应无条件服从、执行最终调查结论及处理意见。

4.7.3 若仍有不满或不服者，可依据国家有关劳动法规和其他法规，按国家规定的法律程序进行，此过程并不影响公司处理意见的执行。

16-04 员工沟通管理办法

员工沟通管理办法

1 目的

为使员工能依正常途径表达情绪不满与解答生活和工作上的困惑，改善工作气氛，维护公司和员工权益，协助公司高层能与员工直接对话，并收集内部管理信息，建立顺畅的沟通渠道，增强企业凝聚力，特制定本办法。

2　适用范围

适用于与公司建立劳动关系和协议关系的员工沟通及问题的协调处理。

3　权责

3.1　总经理负责申诉处理结论的最终核准；总经理意见箱提报问题的处理回复；员工座谈会的主持、问题回复、处理结果的核准。

3.2　人力资源部负责员工申诉事件的调查处理、处理办法的提出；员工座谈会的参加；违规投诉、员工意见箱提报问题的回复。

3.3　人力资源部薪酬专员负责总经理信箱、员工意见箱的定期开启，意见的汇整提报；新进员工座谈会、班组长座谈会的召集、会场布置、会议记录、会议反馈问题的改善跟进。

3.4　各部门经理负责本部门员工申诉的调查处理、处理意见的提报；总经理信箱、员工意见箱、新进员工座谈会、班组长座谈会提报问题的责任落实和协助处理；员工提案的评审及被采纳提案的落实。

4　内容

4.1　沟通内容。

4.1.1　对于奖惩处置不公或存在明显偏差，遭受打击报复等对自己精神和物质造成严重损害的可以向上级申诉。

4.1.2　对于发现严重违纪违规行为及自己在工作中遭受严重精神和物质伤害的可向总经理信箱投诉反映问题。

4.1.3　对于公司在生产生活等各项管理对自己造成工作生活不便，有意见和好的建议的可向员工意见箱投诉。

4.1.4　对于公司在管理、生产工艺改进、技术创新、节能降耗等有建议的，可向公司表达意见。

4.2　沟通形式。

4.2.1　申诉。申诉人直接以书面、口头、电话、意见箱、短信、邮件等方式向上级申诉。

（1）申诉政策。申诉人对于申诉问题必须确凿无误，不得无理取闹，借申诉报复他人；对于申诉人提出的问题及对申诉人必须给予尊重，并保障申诉人的个人隐私；申诉人不因提出申诉问题而遭受打击报复，而失去工作或遭受开除等其他处分；对于申诉问题未完成或完成均应给予及时答复；员工不应以任何名义，未经申诉与协调程序而妨碍生产管理秩序、怠工或罢工，否则公司可依据奖惩规定给予处置，造成公司损失的须承担赔偿责任。

对于员工申诉遇到协调对象与自己有亲属、好友关系的应主动回避，交上一级管理人员处理。对于申诉事件对象为上一级的应回避。

（2）对于书面申诉问题，申诉人至人力资源部领取"申诉书"并如实填写依次向班组长、部门主管、部门经理、人力资源部经理、总经理申诉，对于申诉问题各级管理人员必须在3个工作日内给予协调处理并回复，对于在3个工作日内未处理也未及时回复的可越一级向上以书面方式申诉。

4.2.2 总经理信箱。

（1）实名或匿名方式举报管理人员不作为、处事不公、工作中弄虚作假、收受贿赂，或欺诈、赌博、偷盗等严重违纪行为的，在工作中遭受严重精神和物质损害的可向总经理信箱投诉问题。

（2）对于投诉问题必须确凿无误，不得无理取闹，借投诉报复他人；对于投诉人提出的问题及对投诉人必须给予尊重和必要的保护，并保障投诉人的个人隐私；投诉人不因投诉问题而遭受打击报复；对于投诉问题经查证不实的不予处理，造成他人精神及物质损害的，将依照国家的有关法律法规和公司的《奖惩管理规定》追究责任；对于举报严重违纪行为经查证属实的将依照《奖惩管理规定》给予奖励；对于管理人员对投诉信息保护失误导致信息泄露对投诉人造成损害的将追究保密责任。

（3）总经理信箱钥匙由人力资源部薪资专员专人管理，每月23日开启（最迟可顺延2个工作日），报总经理审阅。人力资源部薪酬专员跟进改善情况，填写"总经理意见箱月问题改善跟进表"，总经理视情况查证后给予回复，对于实名反馈问题的需最迟在一个月内向员工回复处理结果。

4.2.3 员工意见箱。

（1）对于公司在生产生活等各项管理对自己造成工作生活不便，有好的意见和建议的可向员工意见箱投诉问题。

（2）对于投诉问题必须确凿无误，在合情合理的范围内，不得无理取闹，借投诉报复他人；对于投诉人提出的问题及对投诉人必须给予尊重和必要的保护，并保障投诉人的个人隐私；投诉人不因投诉问题而遭受打击报复；对于投诉问题经查证不实的不予处理，造成他人精神及物质损害的将依照国家的有关法律法规的规定和公司的《奖惩管理规定》追究责任；对于管理人员对投诉信息保护失误导致信息泄露而对投诉人造成损害的将追究保密责任。

（3）员工意见箱钥匙由人力资源部薪资专员专人管理，每月23日（最迟可顺延2个工作日）开启，直接汇整报人力资源部经理。人力资源部跟进提报问题的改善，填写"员工意见箱月问题改善跟进表"，最迟在一个月内向员工回复处理结果，并张贴公布。

4.2.4 员工座谈会。

（1）员工对于公司政策、规章制度、生活管理等有不满的可在总经理召集的员工座谈会和班组长座谈会上陈述问题，总经理给予当面回复，若当面无法回复的则最迟在会后7个工作日内回复。

（2）会议召开标准（见下表）。

会议召开标准

标准种类	主办单位	与会主管	参加会对象	参加人数	开办频率	意见收集	会议记录	是否公告	会议议题
员工座谈会	人力资源部	总经理、人力资源部经理	30人，新进1个月员工和老员工各占半	实际人数	1次/月（每月24日，遇节假日则顺延）		有	是	公司政策、规章制度、生活管理等
班组长座谈会	人力资源部	总经理、人力资源部经理	各部门班组长	实际人数	2、5、8、11月（每月25日，遇节假日则顺延）		有	是	
其他会议	各部门	部门经理	公司内组长	部门自定					

（3）会议流程（见下表）。

会议流程

程序	基本流程	负责部门	内容	产出
会前准备	人员选取	薪酬专员	依年资、部门、年龄、性别按一定比例选取	参会名单
	会前安排	薪酬专员	提前拟订会议时间、地点，并邀请相关人员参会	会议通知
会中	会议开场	薪酬专员	介绍会议目的、会议议题并引导大家积极提问	会议记录
	自由提问和回复	参会人员、总经理	由各参会人员自由提问并由总经理当场回复	
	会议小结	总经理	总经理进行会议小结	
会后	提报会议记录	薪酬专员	于7个工作日内提报会议记录并呈总经理签核完毕	会议记录
	部内公告	薪酬专员	对会议记录进行公告	公告
	跟进问题改善	薪酬专员	会议问题	员工座谈会__月问题改善跟进表

4.2.5 提案。对于公司在管理、生产工艺改进、技术创新、节能降耗等有建议的，可依据公司《提案管理规定》要求表达意见。

16-05　员工满意度管理规定

员工满意度管理规定

1　目的

为体现公司"以人为本"的经营理念，关注并提升员工满意度，为公司员工满意度管理提供依据，做到有章可循，特制定本规定。

2　适用范围

适用于员工满意度的管理。

3　权责

3.1　人力资源部

3.1.1　本规范的制定、修订和解释。

3.1.2　员工满意度调查问卷的设计、发放、回收、统计和分析，并提出改进方案。

3.1.3　主导和监督改进方案的实施。

3.2　各部门

3.2.1　协助人力资源部进行问卷的发放和回收。

3.2.2　改进方案的实施。

3.2.3　本部门员工满意度的管理。

3.3　总经理

审核和批准本规范。

4　定义

4.1　员工满意

指一个员工通过对企业所感知的效果与他的期望值相比较后形成的感觉状态，是员工对其需要已被满足程度的感受。

4.2　员工满意度

指员工接受企业的实际感受与其期望值比较的程度，即员工满意度＝实际感受÷期望值。

5　管理规定

5.1　员工满意度管理的原则

5.1.1　实事求是。设计的问卷要能反映公司或部门的现状，员工要根据自身的认知进行填写，公司或部门也要承认问题。

5.1.2　坦诚沟通。在面谈时，面谈双方都应根据公司或部门的现实情况说出自己的真实感受。

5.1.3　信息公开。调查结果和改进措施要让全员知晓。

5.2　员工满意度管理的方法分类

5.2.1　员工满意度调查：问卷调查，面谈调查。

5.2.2 部门内的调查和意见反馈：问卷调查、面谈调查。
5.2.3 员工意见反馈：意见箱、邮件、员工意见收集。
5.3 员工满意度问卷调查

5.3.1 每年进行两次全员的员工满意度调查，一般安排在每年6月下旬、12月下旬进行；每年进行两次的员工满意度抽查，调查比例为全员人数的15%，主要调查员工对改进措施的满意度，一般安排在3月和9月的最后一周。

5.3.2 下列情况发生时可适当安排员工满意度调查。

（1）组织结构发生重大变化时。

（2）员工变动频繁、流动率大时。

（3）员工不停地抱怨企业和管理人员工作效率低下时。

（4）其他认为有调查需要的情况发生时。

5.3.3 员工满意度调查问卷的设计。

（1）调查问卷应根据公司或部门的现状，从以下5个方面16个因素进行问卷的设计。

——对工作本身的满意度（工作合适度、责任匹配度、工作挑战性、工作胜任度）。

——对工作回报的满意度（工作认可度、事业成就感、薪酬公平感、晋升机会）。

——对工作背景的满意度（工作空间质量、工作时间制度、工作配备齐全度、福利待遇满意度）；对工作人际关系的满意度（合作和谐度、信息开放度）。

——对企业整体的满意度（企业了解度、组织参与度）。

（2）调查问卷每道题的选择项分为A、B、C、D四个等级，分别对应4分、3分、2分、1分。如有必要，可设"其他事项"一栏，以收集员工的其他意见。

（3）在设计全员的调查问卷时顶部应设"所在部门"一栏，以统计各个部门的员工满意度。

（4）调查问卷要有对调查理由和调查目的的说明。

（5）全员的调查问卷设计定稿需经人力资源部经理的审核和总经理的批准；部门内的调查问卷需经部门经理审批。

5.3.4 员工满意度调查问卷的发放与回收。

（1）办公室职员：应在调查问卷批准后的两个工作日内发布到办公室的"网上调查"上，设置调查范围和权限，并在公司新闻中发布员工满意度调查通知。

（2）生产后勤人员：应在调查问卷批准后的2个工作日内按照公司或部门员工人数或需要调查的人数打印足够的份数，并在1个工作日内通过各部门文员发到员工手上。

（3）应在问卷调查发放后的5个工作日内通过各部门文员收回问卷；网上调查的有效期为7天，相关人员要随时跟催问卷的提交情况。

5.3.5 员工满意度调查问卷的统计。

（1）员工满意度普查：应在问卷回收后的5个工作日内按部门和公司总体分别统计出结果。

（2）员工满意度抽查：应在问卷回收后的3个工作日内按部门和公司总体分别统计出结果。

（3）相关人员应在网上调查结束后的2个工作日内将调查结果打印出来以备存档。

（4）员工满意度的计算方式：$\{\sum 各题的得分 \div [(题数 \times 4) \div 100]\} \div 有效问卷数$。

5.3.6 员工满意度调查问卷的分析与发布。

（1）相关人员应在统计结果出来后的5个工作日内编制出《员工满意度调查报告》，编制人员负责对员工满意度调查的各种信息进行归类、统计、分析、判断和讨论，形成具有集体意见的《员工满意度分析报告》。

（2）《员工满意度调查报告》的内容至少包括调查工作的背景和目的、调查的时间和对象、调查的方法、问卷本身存在的问题、原始信息统计、归类分析反映的问题、改进建议、整改要求等内容，并附调查统计表。

（3）公司全员的《员工满意度调查报告》需经人力资源经理审核和总经理批准后方可予以发布，需要时按照人力资源经理和总经理提出的意见和建议进行修正和补充；部门的《员工满意度调查报告》需经部门主管的审核和人力资源总监的批准，并交人力资源部存档。

（4）《员工满意度调查报告》的发布方式：公司新闻、宣传栏、书面方式、邮件方式。

5.3.7 改进措施的实施与监督。

（1）人力资源部在调查报告公布后的10个工作日内根据《调查报告》中的改进建议和整改要求同相关业务部门制定具体的改进措施，形成《关于×××的改进方案》，并落实到相关责任部门。

（2）改进方案经总经理批准后应及时通过公司新闻和宣传栏的方式公布并备以存档，接受员工的监督。

（3）员工可以根据自己的感觉和切身体会通过员工意见箱和邮件或一切可能的方式向人力资源部反映问题及问题的改进情况和意见。

（4）人力资源部应重视员工的意见，随时关注各相关部门对改进方案的落实情况，对于员工反应很大，改进缓慢甚至没有改进的，人力资源部须向相关部门发出"整改通知书"，并通报批评，并在规定时间内对整改结果进行验证，验证结果应知会总经理。

5.4 面谈调查

5.4.1 面谈调查的时机。

（1）员工满意度问卷调查前。
（2）改进方案的实施中。
（3）公司或部门的重大变革前后。
（4）员工对于某件事议论较多，并对公司的运作产生一定的影响时。

5.4.2　面谈调查的方法与步骤。
（1）根据具体事件，确定需要调查的人数，至少不低于20人。
（2）根据各部门情况和员工类型选择调查样本，要保证调查的全面性。
（3）在调查样本中随机选择调查对象，调查对象要具有代表性。
（4）设计调查问题，问题尽可能多而全面。
（5）面谈时，应选择相对比较安静的环境，以免被打扰；既可以是一对一的面谈，也可以是小组面谈，一对一的面谈建议时间为半个小时，小组面谈可持续一个小时。
（6）面谈时应做好记录，为面谈报告的撰写提供基础依据。
（7）整个的面谈调查过程不能超过7个工作日。

5.4.3　面谈调查报告。
（1）在面谈调查结束后的3个工作日内，对面谈记录进行分类、分析、判断和讨论，形成《员工面谈报告》。
（2）《员工面谈报告》的内容至少包括面谈调查的背景和目的、调查的时间和对象、调查的方法、归类分析反映的问题、改进建议、整改要求等内容，并附面谈记录。
（3）改进措施的实施与监督，参照5.3.7执行。

5.5　员工意见反馈

5.5.1　意见箱。
（1）公司在宿舍楼梯口设立意见箱。
（2）员工可以就公司制度、后勤服务、管理措施等方面提出投诉和建议。
（3）相关工作人员必须3天一次或一周两次对意见箱进行查看，并做好相关记录（查看日期、意见数量、意见主题和类型）。
（4）收到意见后，相关工作人员应立即与当事人确认，如为匿名信，则应调查事件的真实性。
（5）如确有此事，则人力资源部应及时与相关部门进行沟通，出台解决方案，确定责任部门，并向外发出通告；如无此事，则应向外发出通告，澄清事实。
（6）解决问题的期限应在一周之内（从收到意见的日期算起），如问题比较严重，可根据具体情况延长，但延长期限不得超过两周，并向外发出通告，说明延长的原因。
（7）人力资源部对方案的实施情况进行监督。
（8）人力资源部要对收到的意见、问题的解决方案及方案实施的效果进行存档。

（9）如发现投出的意见在一周内没有得到反映，相关人员可直接向前台文员或人力资源经理进行投诉。

5.5.2 邮件。

（1）邮件的发送主体为企业文化专员和绩效专员，也可以发送到人力资源部的任何一个人。在收到邮件后，应与相关负责人确认收到日期并做好相关记录。

（2）其他事项请参照5.5.1的规定。

5.5.3 员工意见收集。

（1）人力资源部定期进行意见收集，每周收集意见的对象不少于3人。

（2）相关人员对收集到的意见进行整理分析，并制定出可行性方案，由人力资源部进行统一的评审，如涉及有关部门，相关部门的经理应参与进来，以上工作需在一周内完成。

（3）如果方案可行，人力资源部应知会相关部门，请相关部门提供帮助，并向外发出通告；如方案不可行，则应与意见提供人进行沟通，说明缘由。

（4）人力资源部对改进方案的实施情况进行监督。

（5）人力资源部对收集到的意见、实施的改进方案及方案实施的效果进行存档。

5.6 员工意见的奖励

参照具体实施办法。

5.7 员工满意度报告

在年末的时候，人力资源部要编制一份《××××年份员工满意度报告》，报告的内容包括问卷调查的次数和时间等。

Part 3　人力资源管理表格

第17章　招聘录用表格

17-01　人力资源需求申请表（增员）

人力资源需求申请表（增员）

编号：

申请职位	职位名称		需求人数		申请日期	
	所属部门		现有人数		期望到职日期	
	联系电话		工作地点		可相互转换的职位	
申请理由		A.增设职位：_____ B.原职位增加人力：_____ C.储备人力：_____				
职位信息	工作内容及职责：					
任职要求	性别		年龄		专业	户籍
	1.经验： A.中专学历（　　）年工作经验 B.大专学历（　　）年工作经验 C.本科学历（　　）年工作经验 D.行业背景_____					
	2.培训经历：					
	3.专业知识及技能：					
	4.性格特征：					

部门负责人：	人力资源部经理：	总经理办公室：
签字：　　　年　月　日	签字：　　　年　月　日	签字：　　　年　月　日

备注	1.请提供部门组织结构图、人员分工 2.本表由总经办签字生效

实际录用和到位情况（由招聘专员填写）

签名：　　　　　　　　　　　　　　　　　　　　　　　　　　年　月　日

17-02　人力资源需求申请表（补员）

人力资源需求申请表（补员）

编号：

申请职位	职位名称		需求人数		申请日期	
	所属部门		现有人数		期望到职日期	
	联系电话		工作地点		可相互转换的职位	
申请理由	A．原职位离职：_____ B．原职位调动：_____ C．其他：_____					
申请人意见	签字：　　　　　　　　　　　　　　　　年　月　日					
部门负责人： 签字：　　　　　　　　　年　月　日			人力资源部经理： 签字：　　　　　　　　　年　月　日			
备注	1．适用于员工异动补充 2．如申请职位的职位描述、任职资格及薪酬等项目有调整，请在申请意见中注明					
实际录用和到位情况（由招聘专员填写） 签字：　　　　　　　　　　　　　　　　年　月　日						

17-03　人力资源需求申请更改单

人力资源需求申请更改单

编号：

申请职位	职位名称		所属部门	
	直接负责人		联系电话	
更改原因：			更改项目：	
部门负责人： 签字：　　　　年　月　日		人力资源部经理： 签字：　　　　年　月　日	总经理办公室： 签字：　　　　年　月　日	
备注	1．补员更改由需求部门主管签署意见生效 2．增员更改由总经办签署意见生效			

17-04　部门年度人力需求计划表

部门年度人力需求计划表

填制日期：

职位名称	现有人数	本年度缺编人数	本年度计划减员人数	下年度储备人数	下年度拟招聘人数

部门经理： 签字：　　年　月　日	总经理： 签字：　　年　月　日	人力资源部经理： 签字：　　年　月　日

17-05　年度人力需求计划报批表

年度人力需求计划报批表

日期：

职位名称	现有人数	本年度缺编人数	本年度计划减员人数	下年度储备人数	下年度拟招聘人数

计划安排	时间	工作内容
费用预算	项目	金额
	合计	
人力资源部意见	领导签字：　　　　　　　　　　　　　　　　日期：	
总经办审批意见	领导签字：　　　　　　　　　　　　　　　　日期：	

17-06 招聘计划

招聘计划

制表日期：

招聘目标		
职位名称	数量	任职资格

信息发布渠道和时间：

招聘小组成员			
组 长		职责	
组 员		职责	

选拔方案及时间安排			
招聘职位	步骤	负责人	截止时间

费用预算	
项目	金额/元

招聘工作时间表	
时间	工作内容

制定人		人力资源部经理签字	

总经理办公室意见：

领导签字：　　　　　　日期：

17-07　应聘者电话沟通记录表

应聘者电话沟通记录表

序号	沟通内容	沟通所得信息
1	了解其最近供职的两家公司的名称、规模、所在职位、组织架构及人员分工	
2	对照职位说明书，了解其以往日常工作内容及职责	
3	求职动机，对决策的了解程度	
4	离职原因及可开始工作时间	
5	离职前薪资及收入期望	
6	目前所在地及个人生活状态	
7	解答应聘者的问题	
8	可面试时间	
9	辞谢或再约面试时间	

17-08　招聘情况反馈分析表

招聘情况反馈分析表

日期：　　年　月　日

需求职位	
需求提出时间	
要求到岗时间	
招聘渠道	
现场招聘会	共参加（　）场招聘会，分别为：
招聘费用	
收到简历	
有效简历	
初试人数	
推荐人数	
招聘难点	
建议	

17-09　录用决定审批表

录用决定审批表

应聘人姓名	
机构名称	
部门	
拟聘级别	
拟聘职位	
面试人	
薪资、福利情况（人资填）	
入公司日期	
综合评估 （面试负责人填写）	签字：　　　　　　　　　日期：
人力资源部经理意见	签字：　　　　　　　　　日期：
总经理意见	签字：　　　　　　　　　日期：
总经理办公室意见	签字：　　　　　　　　　日期：

17-10　背景调查电话交流记录表

背景调查电话交流记录表

_____已向我公司提交求职申请书，我代表本公司人力资源部想向您了解以下情况：

序号	交流问题	交流记录
1	请您确认_____（应聘者）在贵公司的工作时间	从___年__月__日至___年__月__日
2	请问贵公司的规模、网址	
3	_____（应聘者）在贵公司任职期间的职位	
4	_____（应聘者）工作职责的简单描述	
5	_____（应聘者）的最终薪金水平	_____元/月 _____元/年
6	_____（应聘者）的品行	
7	_____（应聘者）的工作表现是否令人满意	
8	_____（应聘者）与同事、上司的关系	
9	_____（应聘者）离职原因	
10	非常感谢您与我交流，您是否还有其他情况要补充的	
记录人：		记录日期：

17-11 入职审批表

入职审批表

应聘职位：

姓名		性别		出生年月		政治面貌		照片
学历		毕业院校				专业		
身高		健康状况				婚姻状况		
身份证号码			手机			电子邮件		
通信地址						邮编		
家庭地址						家庭电话		
现工作单位			职称			现从事的专业、工作		
掌握何种外语				程度如何、有无证书				
技能与特长				技能等级				
个人兴趣								

个人简历	起止时间	工作单位、担任职务	证明人	联系电话

家庭成员情况	姓名	关系	工作单位、担任职务	联系电话

欲离开原单位的主要原因		曾经或现在工资情况	
接受过何种培训			
收入期望	元/年	可开始的工作日期	
晋升期望（职位、时间）			
培训期望（内容、日期、时间）			
用人部门意见（签字）			
人力资源部意见（签字）			
公司领导意见（签字）		执行情况：	自＿＿＿年＿＿＿月＿＿＿日开始试用＿＿＿个月，初定工资＿＿＿

自愿保证：本人保证表内所填写内容真实，如有虚假，愿受解职处分。
申请人签名：　　　　　　　　　　　　日期：

17-12 面试评价量表

面试评价量表

应聘人姓名		性别		年龄		编号		
应聘职位			原单位					

评价方向	评价要素	评价等级				
		1（差）	2（较差）	3（一般）	4（较好）	5（好）
个人基本素质评价	1.仪容					
	2.语言表达能力					
	3.亲和力和感染力					
	4.诚实度					
	5.时间观念与纪律观念					
	6.人格成熟程度（情绪稳定性、心理健康等）					
	7.思维的逻辑性、条理性					
	8.应变能力					
	9.判断分析能力					
	10.自我认识能力					
相关的工作经验及专业知识	11.工作经验					
	12.掌握的专业知识					
	13.学习能力					
	14.工作创造能力					
	15.所具备的专业知识、工作技能与招聘职位要求的吻合性					
录用适合性评价	16.个人工作观念					
	17.对企业的忠诚度					
	18.个性特征与企业文化的相融性					
	19.稳定性、发展潜力					
	20.职位胜任能力					

人才优势评估		人才劣势评估	

评价结果			
建议录用	安排再次面试	储备	不予录用

17-13　新员工报到手续表

新员工报到手续表

（说明：本表于报到当日交给员工，在转正时附评估表一起存档）

事宜		执行人	日期
_____年___月___日到办公室报到，试用期至_____年___月___日			
以下工作由办公室负责			
□交验毕业证书、学位证书、身份证、照片并存档			
□交验其他证书及在简历中提到的证明材料			
1　　　　　　　2　　　　　　　3			
□交验"与原单位解除劳动关系证明"			
□填"员工登记表"，签署劳动合同、保密协议			
□通知办公室办理工作卡等事宜			
□报到日培训			
□新员工入公司介绍			
以下工作由部门与新员工共同完成			
□安排办公位置	新员工	责任人	
□交付必要的办公用品	新员工	责任人	
□如需要，申请电子信箱	新员工	责任人	
□如需要，填写名片印制申请表	新员工	责任人	
□直接主管介绍本部门和相关部门的同事	新员工	责任人	
□直接主管讲解新员工的工作内容和职责	新员工	责任人	
□直接主管选定指导顾问	新员工	指导顾问	
□入职一周内由主管和新员工共同设定试用期培训考核目标	新员工	上级主管	
□阶段性评估			
第一次：结果	新员工	评估人	
第二次：结果	新员工	评估人	
新员工集训			
□时间	新员工	办公室	
办公室平时访问（电话或其他方式，包括正式及非正式场合）：		□有 □没有	
转正前确认			
体检结果是否可以转正：□可以　　□不可以　　　　　　　　　　负责办理人：			

17-14　试用期第_____月份综合评估表

试用期第_____月份综合评估表

姓名		岗位	
部门		试用期限	
员工自评	另附（内容：试用期工作任务及完成情况、对公司规章制度的遵守情况、工作态度、今后在公司的发展计划等）		
直接领导评语	直接领导签字：	年　月　日	
部门经理评语	部门经理签字：	年　月　日	
人力资源部评语	部门盖章：	年　月　日	
分管领导审核	分管领导签字：	年　月　日	

17-15　新员工转正申请表

新员工转正申请表

（以下栏目由新员工填写）			
姓名		职位	
部门		入职时间	
导师姓名		部门及职务	
员工试用期间工作总结（内容包括对试用期工作的回顾、总结，对公司企业文化的理解；自己在工作中的优点及不足，如何改进存在的不足；对今后工作的设想、建议等，不少于1000字）：（此页不够请附页）			
申请人：		年　月　日	
（以下栏目由导师及相关负责人填写）			
导师总结（对新员工品行、能力和态度的综合评价以及自身指导的评述，不少于300字）：（此页不够请附页）			
签字：		年　月　日	
部门经理意见（对新员工转正的意见）： 提前转正□　按期转正□　延期转正□			
签字：		年　月　日	
部门经理对导师的评价： 优秀□　良好□　一般□　有待提高□			
签字：		年　月　日	
人力资源部任用意见： □同意按期转正 □建议延长试用期继续考察 □建议解聘	副总经理：	总经理审批：	
人力资源部盖章：	日期：	日期：	日期：

17-16　试用员工考核表

试用员工考核表

姓名			岗位名称		
部门			直属上级		
员工自评（来公司后在遵章守纪、岗位适应程度、工作态度等方面的表现，及今后的打算）	员工（签字）：		日期：	年　月　日	
部门领导评语（根据考核结果综合评价）	主管（签字）：		日期：	年　月　日	
试用期得分	行为（30分）		能力（40分）	业绩（30分）	总分
	遵章守纪（10分）		基础知识（15分）	完成数量（15分）	
	责任心（10分）		专业技能（15分）	完成质量（10分）	
	协作精神（10分）		经验（10分）	改进度（5分）	
人力资源部意见					
主管副总经理意见					

17-17　试用期员工转正面谈表

试用期员工转正面谈表

员工姓名			部门及岗位	
沟通时间	＿＿＿＿年＿月＿日＿时＿分至＿时＿分止		沟通地点	
沟通内容	企业文化认知度			
	团队氛围			
	对公司的意见和建议			
员工签字： 日期：			访谈人签字： 日期：	

注："试用期员工转正面谈表"需与转正手续一同报至人力资源中心。

17-18　续聘人员汇总表

续聘人员汇总表

填表日期：　　年　月　日

部门（公司）	姓名	学历	聘任职位	累计任期	考核成绩是否达标	拟续聘用任期

说明：此表适用于主管级及以下人员，用人部门填写完交人力资源部审核，然后报总经理批准生效。

总经理审批：　　　　　　人力资源部：　　　　　　部门负责人：
日期：　　　　　　　　　日期：　　　　　　　　　日期：

第18章　考勤休假管理表格

18-01　员工月度考勤记录表

员工月度考勤记录表
年　月

编号	姓名	出勤天数	请假天数（假类）	迟到次数	早退次数	旷工天数	出差天数	备注

注：考勤记录人员在每月最后一天应根据考勤卡登记所有员工的出勤情况，并整理上报。

18-02　未打卡证明

未打卡证明

姓名		部门		未打卡日期	
未打卡事由					
工作证明人（一）			工作证明人（二）		
中心负责人审核			行政中心核实		
备注	未打卡人员需找两名工作相关联人员作为证明人签字确认				

18-03 请假申请单

请假申请单

姓名		部门		职位	
请假类别： □事假　□病假　□年假 □婚假　□丧假　□产假　□工伤假　□其他 _____ 请假原因：					
请假时间：自　年　月　日　时至　年　月　日　时，共　天					
部门经理意见：					
副总经理意见：					

备注：1.凡请假时间不到半天的按半天计，多于半天少于1天的按1天计，以此类推。
　　　2.凡请假在1天以内（包括1天），由各部门经理批复；请假超过1天，由各部门经理及总经理批复，并交人力资源部备案。
　　　3.请假需说明请假理由，病假、婚假、丧假、产假和工伤假需提交或补交相关证明。

18-04 外勤、补休申请单

外勤、补休申请单

姓名		部门		职位	
事由： □外勤　　地点：_____ □补休　　原因：_____					
时间：自　年　月　日　时至　年　月　日　时，共　天					
部门经理意见：					
副总经理意见：					

备注：1.凡补休时间不到半天的按半天计，多于半天少于1天的按1天计，以此类推。
　　　2.凡补休在1天以内（包括1天）的，由各部门主管批复；补休超过1天的，由各部门经理及副总经理批复，并交综合部备案。
　　　3.外勤需说明地点及原因，提前由部门经理批复，建议外勤时间不超过半天为宜。

18-05　员工年假、补休记录表

员工年假、补休记录表

年　月

编号	姓名	年假剩余天数	补休剩余天数	其他假期剩余天数	备注

注：关于年假和补休剩余天数情况应每月上报一次。

18-06　加班申请表

加班申请表

申请部门		加班时间	
加班事由：			
加班计划（工作人员名单及工作具体安排）			
部门意见	签字：　　　　　　　　年　月　日		
人力资源部意见	签字：　　　　　　　　年　月　日		

注：加班申请单一式两份，一份由申请人所在部门保存，另一份由人力资源部备查。

18-07 出差审批单

出差审批单

出差人姓名		部门		职务	
出差事由					
同行人员					
日期	自　　年　月　日起至　　年　月　日止，计　　天				
地点					
预计费用	（须附明细）		付费单位		
部门经理意见	签字：　　　　　　　　　　　年　月　日				
副总经理意见	签字：　　　　　　　　　　　年　月　日				
总经理意见	签字：　　　　　　　　　　　年　月　日				
实际费用					
超出标准原因： 　　　　　　　出差人签字：　　　　　　　　　年　月　日					

第19章　员工培训管理表格

19-01　年度培训计划表

年度培训计划表

编号	申请部门	培训内容	培训对象	培训人数	培训方式	预定时间	备注

培训部主管：　　　　　日期：　　　　　　人力资源部经理：　　　　　日期：
行管总监：　　　　　　日期：　　　　　　总经理：　　　　　　　　日期：

19-02　月度培训计划表

月度培训计划表

编号	申请部门	培训内容	培训师	培训类别	培训方式	培训人数	课时安排	培训教材	培训时间	培训地点
课时合计				培训部主管				人力资源部经理		

注：培训类别为□理论　□操作；培训方式为　□脱产　□不脱产。

19-03　培训申请表

培训申请表

申请部门：　　　　　　　　　　　　　　　　　　　　　　　　　年　月　日

编号	培训内容	培训目的	培训对象	培训人数	期望培训时间	期望培训课时	备注

申请人：　　　　　　　　　申请部门经理：

19-04　培训通知单

培训通知单

编号：

_____部门：
　　根据批准的培训计划，_____培训定于____年____月____日____时____分在_____进行。请通知你部门有关受训学员准时参加，并将回执联于____月____日前送达培训部。
　　谢谢合作！

公司培训部

培训内容	培训对象	课时安排	培训师	学员应带学习用具和资料

···

培训通知单回执

　　编号为_____的培训通知单已收悉，届时将组织学员到场培训。学员名单如下：

　　共计_____人。
　　　　　　　　部门负责人：　　　　　　　　　　　　　　　　　　年　月　日

19-05　培训师试讲评估单

培训师试讲评估单

年　月　日

培训师姓名		课程内容		授课课时	
评估意见汇总： 结论：　　　　　　　　　　　　　　培训部主管：					
参评人员	评估意见		结论		签字

19-06　培训记录表

培训记录表

培训部主管：　　　　　　　　　　　　　　　　　　　年　月　日

部门		时间		地点		培训师	
内容：								

参加人	签到	参加人	签到

19-07　新入职员工培训跟踪表

新入职员工培训跟踪表

姓名：_____　　部门：_____　　职位：_____

入职时间：_____　　档案回收时间：_____

序号	内容	责任人	时间安排	责任人签名
1	办公文具及工具申请： （1）电脑、电话、OA系统等办公用具 （2）办公文具	部门协调员	入职前一天完成	
2	部门经理与员工面谈，内容： （1）部门工作职责 （2）部门工作流程、制度 （3）已完成的工作方案和成果 （4）新员工工作重点及考核标准	部门经理	入职当天	
3	介绍办公设施及办公软件的使用方法 （1）传真、打印、复印 （2）OA、ERP、SAP系统	部门协调员	入职两天内	
4	介绍给部门其他同事认识： （1）介绍给本部门成员认识 （2）介绍给有直接工作联系的人员	部门经理	入职三天内	
5	参加新员工培训，培训内容：企业简介、企业文化、规章制度、培训发展、生活指南	培训主管	每周四集中培训	
6	岗位技能指导	用工部门	入职一个月内	
7	以师带徒的方式指定专人对新员工进行生活和工作方面的指导	部门经理指定	入职一个月内	
8	当月所有新入职员工一起参观工厂	培训部	每月固定一次	

　　（1）新员工职责：根据公司的安排，配合责任人落实每项内容，以便能快速适应公司的工作环境和氛围，了解自身的工作职责，并于上述培训完成后提交《新员工入职培训心得报告》，报人力资源部培训组存档。

　　（2）责任人职责：根据安排落实新员工入职的各项内容，帮助新员工建立在本公司工作的信心，使之能快速融入工作当中。

　　（3）执行：各部门负责人均需按表格要求执行对新员工的指导，并在指导结束后在责任人签名栏签名确认，并由人力资源部培训组统一收回存档。

19-08 多能工培训计划表

多能工培训计划表

姓名	工号	已会操作工种			新工种熟练程度			
		01	02	03	A	B	C	D
					⊕	⊕	⊕	⊕
					⊕	⊕	⊕	⊕
					⊕	⊕	⊕	⊕
					⊕	⊕	⊕	⊕
					⊕	⊕	⊕	⊕
					⊕	⊕	⊕	⊕
					⊕	⊕	⊕	⊕

备注：1.培训人员熟练度达到标准熟练度的25%时，填满1/4个圆；达到50%时，填满1/2个圆；达到75%时，填满3/4个圆；达到100%全部填满

2.在表格内每个熟练度的斜上方或斜下方填写培训日期，如：（2/22~2/23 ⊕ 2/18~2/19 2/20~2/21）

3.计划用铅笔填写，实际培训结果用圆珠笔覆盖

制表人：

19-09 多能工资格鉴定一览表

多能工资格鉴定一览表

部门：＿＿＿＿＿　　　线别：＿＿＿＿＿　　　日期：＿＿＿＿＿

姓名	工号	基础工种	鉴定工种	鉴定者签名		
				组长	现场IE	品管
生产主管			IE主管		制表人	

19-10　一专多能培训计划检查表

一专多能培训计划检查表

班组：　　　　　　　　　　　　　填表人：

姓名	培训时间	培训岗位	课时	指导人员	培训目标	效果评估	跟踪方式			跟踪结果		检查时间	检查人
							检查	抽查	考评	达到	未达到		
					⊕	⊕							
					⊕	⊕							
					⊕	⊕							
					⊕	⊕							
					⊕	⊕							
					⊕	⊕							

确认人员　　　　　　　　　　　　审核人员

实习 ◐　　在指导下工作 ◐　　独立操作 ◕　　指导他人 ●

注：1. 本表格在每月第一周星期一完成。
2. 培训目标由班组长填写，效果评估由指导人员填写。
3. 确认人员为班组长，审核人员为工段长。
4. 此表为班组的月度培训计划及一专多能培训计划，必须按时填写。
5. 跟踪方式、跟踪结果、检查时间、检查人等班组不填，由车间组织人员在每月底进行检查时统一填写。
6. 如有离职的人员，要在备注里注明。

19-11 "师带徒"培训任务书

"师带徒"培训任务书

徒弟姓名		学历		所学专业	
参加工作时间		现岗位		技能鉴定工种及等级	
师傅姓名		学历		所学专业	
参加工作时间		现岗位		技能鉴定工种及等级	
专业技术任职资格			培训层次		
培训时间		年 月 日至		年 月 日	
训练目标、计划及措施	徒弟签字： 年 月 日			师傅签字： 年 月 日	

注：在签订培训协议书前，由师傅指导徒弟填写本表；本表一式两份，车间和人力资源部各一份。

19-12 培训辅导记录表（师傅）

培训辅导记录表（师傅）

序号	培训辅导内容	时间	地点	学时	徒弟	人力资源部
	合计					

说明：本表在每次辅导结束后填写，并由徒弟签字确认；每月月初交人力资源部核查一次；每学期内总学时数不得少于_____学时。

19-13 培训辅导记录表(徒弟)

培训辅导记录表(徒弟)

时间		学时		地点	
培训辅导内容				辅导方式	
学习心得					

人力资源部:

19-14 师傅一对一辅导总结报告

师傅一对一辅导总结报告

师傅姓名		部门		职位	
徒弟姓名		辅导期			
师傅于学期内辅导工作总结					

说明:本表由师傅于学期结束一周内填写完毕交人力资源部。

19—15　一对一师带徒专题培训徒弟考核表

一对一师带徒专题培训徒弟考核表

徒弟姓名		毕业院校		所在部门				
所在岗位		师傅姓名		学习期				
考核栏									
项目	内容	权重	评价及得分					评估人
			5	4	3	2	1	
学习评估 15%	学习绩效	5						（师傅）
	学习态度	5						
	学习能力	5						
综合评估 25%	（描述学期内总体表现）	25						（部门经理）
考试成绩 40%	学期末考试（主要技术工种作业类课程的期末考试，应采用实践操作考试的形式）	40						（师傅）
学习总结报告20%	一对一专题培训学习总结报告	20						（人力资源部）
	合计	100						（人力资源部）
评估意见与任用、发展建议（师傅填写）									

说明：本表为师带徒一对一培训徒弟考核表，其中学习评估占15%权重，部门经理评估得分占25%权重，评估采用5分制打分，5分为优秀，4分为良好，3分为合格，2分为待改进，1分为差。

部门经理签字及日期：　　　　　　　　　人力资源部核查及日期：

19-16　员工操作培训申请表

员工操作培训申请表

徒弟姓名		性别		年龄		文化程度	
学习工种		学习时间		拟自　　年　月至　　年　月			
师傅姓名		工种及级别		曾带徒弟数			
师徒承诺		1．服从公司领导，遵守《员工守则》，听从车间安排，搞好产品质量 2．师傅尽力关心和爱护徒弟，愿意将自己的技术技能经验毫无保留、耐心细致地传授给徒弟，使徒弟能尽快学会该工种生产技术技能知识，并对徒弟学习期间产生的产品质量、工伤及设备安全事故负主要责任 3．徒弟愿意自觉尊敬师傅，学习期间任劳任怨、勤勤恳恳，刻苦钻研生产技术技能知识，力求尽早成为一名合格员工 师傅签名：　　　　　　　　　　徒弟签名：					
所在车间意见		车间主任：　　　　　　　　　　日期：					
制造部审核意见		经理：　　　　　　　　　　日期：					
总经理意见		总经理：　　　　　　　　　　日期：					

申请人：　　　　　　　　　　申请日期：

19-17　学徒工（机台长）鉴定考核申请表

学徒工（机台长）鉴定考核申请表

学徒姓名		性别		年龄		文化程度	
学习工种		已学时间		现工种及级别			
考试成绩	专业理论			实际操作			
学习总结（主要收获）							
师傅意见	师傅签名：　　　　　　　　　　日期：						
所在车间意见	车间主任：　　　　　　　　　　日期：						
鉴定考核意见	参加鉴定考核人签名：　　　　　　　　　　日期：						
总经理意见	总经理：　　　　　　　　　　日期：						

申请人：　　　　　　　　　　申请日期：

19-18 员工职业发展规划表

员工职业发展规划表

填表日期：　　年　月　日　　　　　　　　　　　　填表者：

姓名		年龄		公司（部门）		岗位名称	
最高学历		毕业时间	年　月	毕业学校			

参加过的培训	1.		5.
	2.		6.
	3.		7.
	4.		8.

目前具备的技能、能力	技能、能力的类型	证书及简要介绍此技能

其他公司、部门工作经历简介

	公司	部门	职务	对此工作满意的地方	对此工作不满意的地方
1					
2					
3					
4					

你认为对自己最重要的三种需要是：
□弹性的工作时间　□成为管理者　□报酬　□独立　□稳定　□休闲　□和家人在一起的时间
□挑战　□成为专家　□创造

请详细介绍一下自己的专长：

结合自己的需要和专长，你对目前的工作是否感兴趣，请详细介绍一下原因：

请详细介绍自己希望选择哪条晋升通道：

请详细介绍自己的短期、中期和长期职业发展设想：

19-19 核心人才推荐表

核心人才推荐表

说明：由部门负责人和候选人员共同填写此表，交由人力资源部审核确认。

姓名		性别		年龄		学历	
毕业学校				毕业时间		所学专业	
入司时间				部门		职称	
目前岗位				推荐目标岗位		上一年度绩效考核成绩	
工作经历（来公司前、后）							
专业技能资格（来公司前、后）							
部门评价意见							
人力资源部资格审查意见							
部门负责人签字				填写时间			
人力资源部审核签字				签字时间			

19-20 核心人才候选人员评估表

核心人才候选人员评估表

说明：各单位人力资源部在对核心人才候选人员进行入池评估后填写此表，提交所属单位负责人审核。

基本信息			
姓名		部门	
目前岗位		推荐目标岗位	
评估结果			
评估项	评估成绩		改进方向及建议
知识			
技能			
素质			
工作动机			
总体分析及培养建议			
优势			
劣势			
培养建议			
是否进入核心人才资源池			
填表人签字		填写时间	
单位负责人签字		签字时间	

19-21 核心人才培养计划表

核心人才培养计划表

说明：各单位人力资源部根据不同类别的核心人才岗位制订培养计划表，提交所属单位负责人审批。

项目管理类核心人才资源池——项目部副总经理									
姓名					所在部门				
目前岗位					目标岗位			项目部副总经理	
评估结果					进入资源池类型			接替型	
阶段	培养时间	培养方式	培养内容	考核方式	责任人	培养部门	培养人	实现目标	
一		课程培训	质量安全知识	笔试合格	项目部总经理	××项目部总经理	项目部总经理	专业知识：熟练掌握质量安全知识，并且以此指导下属开展工作	
一		课程培训	工程管理知识	笔试合格	项目部总经理	××项目部总经理	项目部总经理	专业知识：熟练掌握工程管理知识，并且以此指导下属开展工作	
二		在岗实践	项目管理经验	答辩	项目部总经理	××项目部总经理	项目部总经理	核心技能：管理项目团队，完成阶段性项目目标	
三		课程培训	领导艺术	案例分析	项目部总经理	××项目部总经理	项目部总经理	核心技能：如何领导下属，如何管理团队	
填表人					填写时间				
审核人					审核时间				

19-22 核心人才培养档案表

核心人才培养档案表

说明：本表由核心人才所在单位人力资源部负责填写，并在每年年初进行更新。

基本信息					
姓名		性别		出生日期	
入司时间		最高学历			
部门		目前岗位			
公司内部工作经历					
起止时间	单位、岗位		主要职责及成就		
公司外部工作经历					
起止时间	单位、岗位		主要职责及成就		
培养经历					
起止时间	培养方式	培养内容	考核结果		培养人

填表人：　　　　　　　　　　　　　　　　填表日期：

第20章 员工异动管理表格

20-01 员工晋升申请表

员工晋升申请表

部门		姓名		员工编号					
原职称		晋升职称		任职期					
原职位		晋升职位		任职期					
近一年考核成绩	1月	2月	3月	4月	5月	6月	7月	8月	9月	10月	11月	12月
近一年奖惩情况												
晋升原因												
原职主要工作职责				晋升后主要工作职责								
提报人				提报日期								
人力资源部初审意见				初审人								
				日期								
人评会评议结果				人评会主任								
				日期								
总经理核准意见				签名								
				日期								

20-02　晋升考核评估表

晋升考核评估表

部门			姓名		工号	
原职称			晋升职称		任职日期	
考核项目及评分							

考核项目		评分 满分	特优 10～9	优 8～7	中 6～5	尚可 4～3	不足 2～1	评语及建议
知识经验	1.熟悉工作领域所需的专业知识和经验	10						
	2.了解公司及工作要求，并按要求做事	10						
技能	1.有系统的思考能力，能以全局考虑问题	10						
	2.具有较强的沟通和谈判能力	10						
	3.具有组织、领导和管理能力	10						
	4.人才培育能力	10						
个人特质	1.接受挑战的勇气	10						
	2.敬业精神	10						
	3.学习能力	10						
价值观	1.工作热忱，有事业心	10						
	2.团队协作	10						
	3.诚信	10						
考核总分		120	实际得分					
人评会主任					考核人			

20-03　管理职务晋升推荐表

管理职务晋升推荐表（主管及以上人员适用）

姓名		性别		年龄		户口所在地		籍贯	
最高学历		所学专业				政治面貌		毕业学校	
个人爱好及特长						计算机水平			
参加工作时间				工作年限				在本公司工作年限	

现任职				
部门		职务		聘任日期：年　月　日	累计聘任年限	年　个月

拟晋升职位			
推荐	□晋升		拟晋升部门	
	□后备领导者		拟晋升职务	

推荐理由及晋升原因	
员工自评（优劣势）	
部门负责人意见	
公司负责人意见	

人力资源部任职资格审查	职缺状况	○是　　　　　　　　○否 ○后备人才　　　　　○其他
	考核成绩	历年考核成绩达规定的标准是：
	审核意见	○具备推荐职务基本资格条件，同意晋升 ○尚有不足，建议先代理职务或延期_____办理 ○同意推荐为储备领导者：_____ ○建议其他部门_____职务_____ 签名： 日期：

领导意见：
签名： 日期：

说明："推荐理由及晋升原因"栏，员工自荐时，由员工本人填写并签名；公司（部门）推荐时，由公司（部门）负责人填写并签名。

20-04 员工晋升综合素质与能力考核表（主管人员适用）

员工晋升综合素质与能力考核表（主管人员适用）

姓名：　　　　　　　拟任职部门：　　　　　　　拟任职职务：

考核项目	考核内容	分值	员工自评	经理评估	小计
工作态度	1.把工作放在第一位，努力工作	20			
	2.对新工作表现出积极态度				
	3.忠于职守				
	4.对部下的过失勇于承担责任				
工作与团体协作	1.正确理解工作目标，有效制订适当的实施计划并确定资源	30			
	2.按照员工能力和个性合理分配工作				
	3.做好部门间的联系和协调工作				
	4.工作中保持协作的态度，推进工作				
管理监督	1.善于放手让员工工作，鼓励大家的合作精神	20			
	2.注意生产现场的安全卫生和整理整顿工作				
	3.妥善处理工作中的失误和临时参加的工作				
	4.在人事安排方面下属没有不满				
指导协调	1.经常注意保持下属的工作积极性	15			
	2.主动努力改善工作环境，提高效率				
	3.积极训练、教育下属，提高他们的技能素质				
	4.注意进行目标管理，使工作协调进行				
工作能力	1.正确认识工作意义，带领下属取得最好成绩	15			
	2.工作成绩达到预期目标或计划要求				
	3.工作总结汇报准确真实				
	4.工作方法正确，时间与费用使用得合理有效				
总评分		100			
经理评语			签名：		
员工签名					

说明：1.请根据行为出现的频率，结合以下标准进行评价，满分为100分。评分标准："总是"90%～100%分值；"经常"70%～80%分值；"有时"40%～60%分值；"偶尔"10%～30%分值；"从不"0分。

2."小计"栏的成绩计算为：员工评分×0.4+经理评分×0.6；各项合计得分为考核成绩。

20-05 员工晋升综合素质与能力考核表（管理人员适用）

员工晋升综合素质与能力考核表（管理人员适用）

序号	项目	要素	分值	员工自评	经理评估	小计
1	团队合作	在工作中善于寻求他人的帮助和支持，或主动调动各方面资源以实现目标	10			
2		积极主动与团队成员坦诚地沟通，并给予他人积极的反馈				
3		在成绩面前常说"我们"而不是"我"				
4	不断创新	能够在现有的工作基础上，提出新的观点和方法	10			
5		乐于接受他人的建议，改进自己的工作				
6		善于发现问题并尝试解决，敢于尝试用新的方法改善工作				
7	快速学习并不断分享知识	主动学习并能够快速适应新岗位及新工作的要求	15			
8		主动寻求各种途径提高业务技能，了解和跟踪本行业先进技术和发展趋势				
9		乐于与他人相互学习，并分享经验和信息				
10	责任心与主动性	重视客户需求，努力为客户解决问题	15			
11		工作尽心尽责，任劳任怨				
12		有高度主人翁精神，经常能主动地考虑工作疑难问题并着手解决				
13	工作能力	保证完成每一项工作的准确性与及时性	15			
14		能贯彻执行相关规章制度	15			
15		遇事善于分析判断且判断结果准确，具备较强的数据观念	10			
16		与人合作时沟通表达能力强，能准确领悟对方或表达自己的意图	10			
	合计		100			
经理评语	签名：					
员工签名						

姓名：　　　　　　　　拟任职部门：　　　　　　　　拟任职职务：

说明：1.请根据行为出现的频率，结合以下标准进行评价，满分为100分。评分标准："总是"90%～100%分值；"经常"70%～80%分值；"有时"40%～60%分值；"偶尔"10%～30%分值；"从不" 0分。

2."小计"栏的成绩计算为：员工评分×0.4+经理管评分×0.6；各项合计得分为考核成绩。

20-06 工作轮换申请表

工作轮换申请表

姓名		性别		年龄		学历	
当前工作部门				职位名称			
目标部门、岗位							
轮换原因							
本部门领导意见			审批人：			年 月 日	
目标部门领导意见			审批人：			年 月 日	
人力资源部门意见			审批人：			年 月 日	

审核人： 年 月 日

20-07 岗位人员轮换登记表

岗位人员轮换登记表

姓名_____ 性别_____ 学历_____ 入职时间_____
轮出部门_____ 轮出岗位_____
轮入部门_____ 轮入岗位_____

轮岗原因		签名：		
轮岗起止时间：			至	
轮出部门意见	经理签字：		轮出主管领导审批	
轮入部门意见	经理签字：		轮入主管领导审批	
人力资源部意见				签字：

20-08　员工工作轮换登记卡

员工工作轮换登记卡

姓名		性别		学历	
工作轮换经历					

		工作部门	部门经理	具体工作	工作期限
第一次轮换	轮换前				
	轮换后				
	接受培训	1. 2. 3. 4.			

		工作部门	部门经理	具体工作	工作期限
第二次轮换	轮换后				
	接受培训	1. 2. 3. 4.			

		工作部门	部门经理	具体工作	工作期限
第三次轮换	轮换后				
	接受培训	1. 2. 3. 4.			

20-09 员工调动审批表

员工调动审批表

年　月　日

姓名		性别		年龄	
最高学历		专业		拟调日期	
调动形式	□调岗		□借调	□降职	
原单位、部门			原岗位职务		
拟调往单位、部门			拟调岗位职务		
调动原因					
新岗位试用期	年　月　日起至　年　月　日止（共　个月）				
新岗位职责					
工资是否调整	□是（按　　职务　级别发放）　□否				
调出部门意见	（盖章）				
调入部门意见	（盖章）				
人力资源部意见	（盖章）				
总经理					

20-10 内部调整通知单

内部调整通知单

姓名		性别		年龄	
工作调整到岗日期					
很高兴地通知您，根据您的申请，我们对您的工作作出了相应调整，调整后的安排如下：					
部门	变动前	职位	变动前	级别	变动前
	变动后		变动后		变动后
请您在接到通知后尽快办理相关交接手续并于规定时间到新的岗位就职。 希望您在新的工作岗位上取得更好的成绩。					

××公司

人力资源部

日期：

20-11　调换工种申请表

调换工种申请表

部门		姓名		年龄	
入职日期		现学历		原工种		拟调换工种	

原单位领导意见	
	签章：　　　　　　　年　月　日
主管职能部门意见	
	签章：　　　　　　　年　月　日
调入单位领导意见	
	签章：　　　　　　　年　月　日
人力资源部意见	
	签章：　　　　　　　年　月　日

20-12　调换工种通知单

调换工种通知单

部门		姓名		年龄		性别	
到职时间		学历		原工种		调换后工种	

请所在部门从＿＿＿＿年＿＿＿＿月＿＿＿＿日起按此通知执行。

　　　　　　　　　　　　　　　　　　　　××公司
　　　　　　　　　　　　　　　　　　　人力资源部（盖章）
　　　　　　　　　　　签发：　　　　　　　时间：

20-13　内部调动通知单

<table>
<tr><td colspan="6" align="center">内部调动通知单</td></tr>
<tr><td colspan="6">_____部门：
　　因工作需要，经研究决定调_____小姐（先生）到_____工作，请将该员工探亲（年休）假、服装发放事宜，填入备注一栏。</td></tr>
<tr><td>姓名</td><td></td><td>到职日期</td><td></td><td>职务</td><td></td></tr>
<tr><td>薪金标准</td><td></td><td>调出部门</td><td></td><td>调出日期</td><td></td></tr>
<tr><td>调入部门</td><td></td><td>报到日期</td><td></td><td>止薪日期</td><td></td></tr>
<tr><td>备注</td><td colspan="5">1. 工资、奖金、福利等发放至_____年____月____日
2. 假期已休至：
3. 其他：</td></tr>
<tr><td colspan="6" align="right">××公司
人力资源部（盖章）
签发：　　　　　　时间：</td></tr>
</table>

20-14　员工离职申请单

<table>
<tr><td colspan="6" align="center">员工离职申请单</td></tr>
<tr><td>部门</td><td></td><td>姓名</td><td></td><td>岗位</td><td></td></tr>
<tr><td>员工级别</td><td></td><td>入公司时间</td><td></td><td>预计离职时间</td><td></td></tr>
<tr><td colspan="6">离职原因：
劳动合同终止：□合同到期不续签
劳动合同解除：□试用期内合同解除　　□合同期内辞职
详细说明：

　　　　　　　　　　　离职人签名：</td></tr>
<tr><td colspan="2">部门意见</td><td colspan="4">□ 同意辞职，移交时间、交接人和其他补充：
□ 不同意，理由：
□ 暂缓待审议，理由：</td></tr>
<tr><td colspan="2">人力资源部意见</td><td colspan="4"></td></tr>
<tr><td colspan="2">副总经理审核</td><td colspan="4"></td></tr>
<tr><td colspan="2">总经理审批</td><td colspan="4"></td></tr>
</table>

20-15 公司员工辞退、除名申请单

公司员工辞退、除名申请单

提出部门		拟辞退、除名人员	
岗位		职务、职级	
入职时间		合同期限	
辞退、除名理由及依据			
部门意见			
人力资源部意见			
副总经理审核			
总经理审批			

20-16 员工离职手续办理单

员工离职手续办理单

姓名		部门		岗位	
职务		员工编号		预计离公司时间	
项目	内容		记录		说明及相关负责人签字
岗位工作交接	本月考勤与请假		出勤____天，病事假____天，其他_____天		
	物品、资料、文件及遗留工作移交（由离职者本人拟订，直接上级确认）		见附件《员工离职、调岗工作交接清单》		移交人： 接交人： 监交人：
人力资源部	办公室及更衣柜钥匙、考勤卡等移交				
	办公设备（U盘、电脑、相机等）				
	借用书籍				
	合同终止补助金（公司）				
	应承担培训费用情况				
	工资结算				
	保险结算		截至____月底		
	服装费				
	其他				
财务部	应收应付账款两清				
	借款清算				
	账务移交				
	其他				
人力资源部经理意见					
副总经理审核					
总经理审批					

20-17 员工离职、调岗工作交接清单

员工离职、调岗工作交接清单

姓名		部门		岗位		职务	
类 别	□离职		预期离职时间：				
	□调岗		预期调岗时间：				
岗位交接清单	交接清单由离职人（调岗人）编拟，其直接上级审核补充			审核人签名		备注	
	资料类					员工在职期间所产生或持有的所有工作资料（文本、电脑资料）、技术资料、方案、计划、档案等	
	物品类					公司配置的办公用品、从公司或其他部门借出或领用的物品	
	工作事项类					离职离岗前尚未处理完毕的业务或工作事项	
	财务类					所有应收应付账款；所有业务往来客户清单；税务票据情况	
	其他类					除上述类型外的其他事项	
部门经理签字确认							
交接签章	移交人						
	接交人						
	监交人						
人力资源部意见							

20-18　离职移交清单

离职移交清单

离职原因	□合同到期		□辞职		□辞退		□开除	
所在部门工作移交	以下填写工作移交手续							
	□1.企业的各项内部文件 □2.经管工作详细说明 □3.客户信息表、供销关系信息表 □4.培训资料原件 □5.企业的技术资料（包括书面文档、电子文档两类） □6.项目工作情况说明（包括项目计划书、项目实施进度说明、项目相关技术资料、其他项目相关情况的详细说明）							
	□附交接清单____页			□不附交接清单				
	移交人		接交人			监交人		
	日期		日期			日期		
	以下填写事物移交手续							
本部门	□借用资料 部门负责人签字： 日期：		□文件资料		□办公室钥匙		□办公用品 交接人： 日期：	
人力资源部	□解除劳动关系 经理签字：		□保险手续		□员工手册		□档案调出 日期：	
行政部	□胸卡　□工作服 经理签字：		□劳保用品		□通信设备		□宿舍退房及用品验收 日期：	
财务部	□欠款清理 经理：		□财务清算		□工资发放		日期：	
副总经理	签字：						日期：	
离职员工	我确认上述手续已全部完成，从此解除我与××公司的劳动服务关系 签字：						日期：	

注：本单一式两份，离职员工与公司人力资源部各执一份。

20-19 员工离职面谈表

员工离职面谈表

填表日期：　　　　年　月　日

离职人员姓名		所在部门	
担任职位		员工工号	
入职日期		离职日期	
面谈者		职位	
1.请指出你离职最主要的原因（请在恰当处加√号），并加以说明	□薪金　　□工作性质　　□工作环境　　□工作时间 □健康因素　□福利　　　□晋升机会　　□工作量 □加班　　□与公司关系或人际关系 其他_____		
2.你认为本公司在以下哪些方面需要加以改善（可选择多项）	□公司政策及工作程序　　□部门之间沟通 □上层管理能力　　　　　□工作环境及设施 □员工发展机会　　　　　□工资与福利 □教育培训与发展机会　　□团队合作精神 其他：_____		
3.是什么促使你当初选择加入本公司			
4.在你做出离职决定时，你发现本公司在哪些方面与你的想象和期望差距较大			
5.你最喜欢本公司的方面有哪些，最不喜欢本公司的哪些方面			
6.在你所在的工作岗位上，你面临的最大的困难和挑战是什么			
7.你对本公司招聘该岗位的任职者有什么建议			
8.你认为本公司应该采取哪些措施来更有效地吸引和留住人才			
9.你是否愿意在今后条件成熟的时候再返回公司，是否会为本公司继续效力，简单陈述理由			

20-20 员工辞退通知书

员工辞退通知书

姓名		部门		职务	
到职日期	年　月　日	离职日期	年　月　日	工资	
辞退（辞职）原因					
部门经理意见				签字：	
人力资源部经理意见				签字：	
总经理意见				签字：	

注：此通知书一式三份，员工、部门经理、人力资源部门各一份。

第21章 员工纪律与奖惩管理表单

21-01 员工奖惩建议申请表

员工奖惩建议申请表

申请日期：

建议类别	奖励	记大功	小功两次	小功一次	嘉奖两次	嘉奖一次	表扬
	惩罚	记大过	小过两次	小过一次	申诫两次	申诫一次	警告

被建议人	部门：　　　　　职位：　　　　　姓名：
事实说明	
人力资源部门意见	
批示	
复核意见	
主管部门意见	

21-02 员工奖惩月报表

员工奖惩月报表

受奖惩者			奖惩方式	奖惩原因	发表日期
姓名	部门	职位			

21-03　员工奖励建议书

员工奖励建议书

姓名：	性别：	工号：	所属部门：
奖励形式	奖励原因		
□口头表扬			
□通报表扬			
□嘉奖			
□特级嘉奖			
□晋升			
□其他：			
奖励金额：			
部门经理意见：	人力资源部审核：		
分管领导意见			

21-04　员工违纪处罚单

员工违纪处罚单

姓名：	性别：	工号：	所属部门：
处罚形式	处罚原因		
□口头批评			
□通报批评			
□记小过			
□记大过			
□解除劳动关系			
□其他：			
处罚金额：			
部门经理意见		违纪人签字	
人力资源部审核			
主管领导审批			

21-05 奖惩通知单

奖惩通知单

□奖　□惩　　　日期：　年　月　日

姓名		部门、岗位		工号	
奖惩原因					
奖惩意见					
奖惩依据					
当事人意见		部门经理意见		人力资源部经理导意见	
年　月　日		年　月　日		年　月　日	

使用部门：　　　　　　　　各部门保存期限：1年

21-06 纪律处分通知书

纪律处分通知书

编号：_____　　　　　　　　　日期：_____

姓名		所属部门		职位	

所犯过失：
□擅自旷工　　　　　　　　□屡次迟到
□工作时瞌睡　　　　　　　□故意不服从上级或拒绝接受正当命令
□故意不以适当方法工作　　□屡次逃避工作
□工作时或在公司赌博　　　□行为不检点

处分：
□谴责
□停职：由____年____月____日至____年____月____日，共___日

撤职生效日期：_____年___月___日

备注

21-07　奖惩登记表

奖惩登记表

年度：　　　　　　　　　　　　　　页次：

职工编号	姓名	奖惩事项及文号	统计					
			警告	记过	大过	嘉奖	记功	大功

21-08　员工奖罚明细

员工奖罚明细

岗位	姓名	部门	奖罚	原因	本人署名	主管确认	经理签字

第22章 薪酬福利管理表格

22-01 员工薪资登记表

员工薪资登记表

序号	姓名	年龄	部门	最近调薪时间	月基本工资	月提成	月总工资	银行账号

22-02 员工工资表

员工工资表

月份：　　　　　　　　　　　　　　　部门：

工号	姓名	基本工资	加班工资				其他工资				代扣代缴款项					实发工资	本人签名
			平日加班	休息日加班	法定假日加班	小计	岗位津贴	职务津贴	其他补贴	工资小计	考勤	罚款	税金	社保费	其他	扣缴小计		

制作：　　　　　　　　　　　　　　　审批：

22-03　员工调薪申请表

员工调薪申请表

日期：　　年　月　日

基本资料	申请人		到职日期	
	所属部门		职位名称	
调薪原因	□绩效调薪　　□调职调薪　　□年度调薪　　□停薪 □试用期结束调薪　　□奖励　　□其他			
预调薪日期				
调薪状况	项目	调整前		调整后
	职位			
	职级			
	基本工资			
	岗位工资			
	岗位补贴			
	通信补助			
	合计			
本人申请说明				
直属上级签字				
人力资源部签字				
总经理签字				

22-04 薪资变动申请表

薪资变动申请表

姓名		部门		职务	
性别		入职日期		调整日期	
变动原因	□报到定薪　□试用合格调薪　□岗位变动调薪　□其他					
调薪原因	□工作能力及效率提升，晋级 □降级 □转岗调职 □工龄工资 □试用期转正 □其他，请说明：_____ _____					
变动项目	基本工资	保密工资	绩效工资	岗位津贴	其他补贴	金额总计
变动前						
变动后						
人力资源部审批意见							
总经理审批意见							
财务部	调整后薪资发放执行日期：____年____月____日　签名：_____					
备注							

22-05　职务薪金调整申请表

职务薪金调整申请表

申请部门（盖章）		申请日期	
姓名		现职务		拟调整职务	

现薪金标准	
调整原因	
生效日期	年　月　日
所在部门意见	签章：　　　　　　　　时间：
主管职能部门意见	签章：　　　　　　　　时间：
人力资源部意见	签章：　　　　　　　　时间：
副总经理意见	签章：　　　　　　　　时间：
总经理意见	签章：　　　　　　　　时间：

22-06　薪金调整通知单

薪金调整通知单

财务部：
　　经公司研究决定，_____先生（小姐）的薪金调整为_____元人民币/月，其中：基本工资_____元人民币/月，福利_____元人民币/月，奖金_____元人民币/月，加班费_____元人民币/月。另发放津贴____元/月。请于____年____月__日起按此标准发放。

　　另原岗位_____调整为_____。

　　　　　　　　　　　　　　　　　　　　　　　　××公司
　　　　　　　　　　　　　　　　　　　　　　人力资源部（盖章）
　　　　　　　　　　　　　　　　签发：　　　　　　　时间：

22-07 员工抚恤申请表

员工抚恤申请表

申请人	姓名		性别		年龄	
	地址		与死亡人关系		身份证号	
死亡者	姓名		性别		年龄	
	职称		到职日期		原薪金	
死亡日期			与执行公务关系		劳保年数	
死亡原因						
适用条款						
抚恤金数额	1.抚恤金_____元 2.特别抚恤金_____个月薪金共计____元					
需交证件	1.死亡证明一份 2.身份证、户口簿复印件一份					
总经理核定			财务部		主管人	
说明：本表一式两份，一份经核定后财务部发给抚恤金，一份存入个人档案						

22-08 员工婚丧喜庆补贴申请表

员工婚丧喜庆补贴申请表

年 月 日

部门		姓名		职称		到职日期	
申请事由				证明文件			
备注				申请金额			

总经理： 人力资源部： 部门经理： 申请人：

22-09　员工重大伤病补助申请表

员工重大伤病补助申请表

姓名		性别		年龄	
部门		编号		职称	
工号		职等		到职日期	
申请事由：					
证明文件：					
申请金额：					
备注：					

总经理：　　人力资源部：　　部门经理：　　填表人：　　填表日期：　年　月　日

22-10　员工福利金申请表

员工福利金申请表

申请人姓名		岗位	
进入公司时间		进入岗位时间	
申请事项	申请金额		申请说明
短期残障			
长期残障			
人寿保险			
死亡福利			
探亲费用			
退休费用			
员工储蓄计划费用			
员工福利总计			
部门意见			
人力资源部意见			
财务部意见			
副总经理意见			
总经理意见			

第23章　绩效管理表格

23-01　绩效计划表

绩效计划表

序号	项目名称	项目界定	计算公式	绩效指标			权重	评分规则	数据来源	考核周期
				最高	考核	最低				

23-02　部门绩效考核表

部门绩效考核表

考核月份：　　　　　考核时间：　年　月　日　　　　考核者签名：

序号	考核指标	绩效评估标准					权重/%	实绩	考核得分	单项得分
		优秀（100分）	良好（80分）	一般（60分）	可接受（40分）	差（0分）				

23-03　员工工作业绩评估表

员工工作业绩评估表

部门：　　　　　　　　　　　　　　　　项目组：
被评估人及职位：　　　　　　　　　　　主评人及职位：

本季度工作目标、工作内容及评估标准（含季度初沟通和工作期间中增加的内容）		员工对本季度的工作进行总结	协作方评价意见	直接主管评估		
				权重	分数	对员工下一阶段工作改善的指导意见或下一阶段的工作目标安排
工作目标、工作内容	评估标准、工作要求					
1						
2						
3						
4						
5						
6						
7						
本季度工作业绩总得分：						
主评人意见		被评估人意见		部门经理审核意见		

附：业绩评估分数说明。

A类：完全超过岗位要求（$X=100$分）。工作业绩在部门内有目共睹，是团队工作中的"领头羊"和"领跑者"，积极努力，工作表现持续超过了岗位要求和经理的期望，对团队阶段性目标的实现起着举足轻重的作用。

B类：部分超过岗位要求（$85 \leq X < 100$分）。业绩表现突出，工作的完成情况令人满意，有许多方面能够成为他人学习的榜样，工作积极，没有工作失误的现象发生，工作表现部分超出了经理的期望。

C类：符合岗位要求（$75 \leq X < 85$分）。是一种可胜任的、称职的工作表现，工作完成情况符合岗位要求和主管期望，工作积极，基本上没有发生工作失误现象。

D类：部分符合岗位要求（$60 \leq X < 75$分）。工作表现基本称职，有部分工作的完成情况不令人满意，需要一定的培训和指导，工作不太积极，有时需要督促或提醒。

E类：达不到岗位要求（60分以下）。工作业绩令人无法接受，经培训和指导后仍不能胜任岗位要求，无法再交付工作，处于这一水平的员工建议调岗或解聘。

23-04　员工绩效评述表

员工绩效评述表

员工姓名：＿＿＿＿＿＿　工号：＿＿＿＿＿＿　部门、处：＿＿＿＿＿＿＿　岗位、职位：＿＿＿＿＿＿

绩效评述目的：（若应用本表，请在绩效面谈前与绩效考核表一起交给部门经理）

（1）保证你的工作在受考核时也将你的观点列入考虑。

（2）帮助你，使你的绩效面谈更有效果。

1. 工作要项。就你的看法将你的工作要项逐一列出，主要包括关键岗位职责、主要工作目标等。下面几个问题可以帮助你列出工作要项：上级对你要求的成果有哪些？你的主管强调的是什么？你花费较多时间和心力的工作有哪些？如果没有你的工作，会有哪些重要的事无法完成？假如你本身也负有督导他人的责任，请将下列各点纳入你的工作要项中：组织规划、资讯沟通、合作协调及部属发展。即使你并无督导他人，如果这些要点也适用你的工作，亦请一并列入。

2. 主要贡献。逐一检讨你的工作要项，记下你所做的贡献。这可能包括：你所解决的一个重要问题；你成功将一个新构想付之于实际；你工作上一项重大改进；完成一项工作目标或是圆满达成一个困难的任务等。

3. 工作阻碍。检讨工作要项，找出困难所在，即阻碍你不能发挥应有绩效的问题，同时记下你需要哪些支持协助来扫除这些障碍。

4. 行动计划。仔细思考前面的工作要项、贡献和障碍，你就能规划出下一个考核周期完整的行动。当你作规划时，参考下面的方针。

（1）行动计划所包括的应是你能够做到的事，而且能增进你的工作成效，扫除工作障碍。

（2）行动计划应该具体，使你确能掌握其是否完成。

（3）行动计划应指出有无训练及教育的需要。

5. 事业目标：描述你近期或长期的事业目标。

附注意见：如果你还有其他问题想在绩效面谈时讨论，请填入下面空白处。

签字：＿＿＿＿＿＿＿＿＿＿　　　　日期：＿＿＿＿＿＿＿

说明：在绩效面谈前，经理须将面谈通知与本表的填写说明同时告知被考核员工，季度绩效考核是否填写或提交本表，由被考核员工决定；年度绩效考核必须填写并提交本表；被考核员工也可至人力资源部或从网上提取本表格的电子格式，填写完整交于直接上级。

23-05　客户评价与绩效记录表

客户评价与绩效记录表

姓名：　　　　　　　职位：　　　　　　　部门：

序号	工号	姓名	日期	事件或行为	评价来源 （客户类别）	绩效评价 （±分值）

说明：1.本表主要为管理人员在工作中收集员工绩效信息所用。

2.评价来源主要指绩效信息的客户来源，分三类：A.内部客户；B.外部客户；C.直接上级。C类直接上级的评价主要指对下属员工工作过程绩效信息的评价记录。

3.绩效评价采取分值表示法，评价对应分值为：很好+2分；好+1分；差-1分；很差-2分，可以打以0.5分结尾的分。

4.本表由绩效管理人员每季度汇总一次，作为填写"员工工作绩效季度（年度）考核表"的参考。

23-06　绩效面谈记录表

绩效面谈记录表

谈话日期＿＿＿＿＿年＿＿＿＿＿月＿＿＿＿＿日
员工姓名：＿＿＿＿＿工号：＿＿＿＿＿部门：＿＿＿＿＿岗位、职位：＿＿＿＿＿
上级姓名：＿＿＿＿＿职位：＿＿＿＿＿

1.确认工作目标和任务：（讨论岗位职责与工作目标完成情况及效果，目标实现与否；双方阐述部门目标与个人目标，并使两者相一致；提出工作建议和意见）

2.工作评估：（对工作进展情况与工作态度、工作方法做出评价，什么做得好、什么尚需改进；讨论工作现状及存在的问题）

3.改进措施：（讨论工作优缺点，在此基础上提出改进措施、解决办法与个人发展建议）

4.补充：
上级签名：＿＿＿＿＿　　　　　　被考核员工签名：＿＿＿＿＿

注：1.在进行绩效沟通时，由上级填写，注意填写内容的真实性。

2.被考核员工分别在"工作绩效考核表"和"面谈记录表"上签名，签名并不代表你同意考核表上的内容，仅表示本次考核上级确曾与你讨论过。

3.该表与"员工绩效评估表""部门考核汇总表""部门考核分析表"共同交至人力资源部。

4.沟通准备与谈话内容可参考《绩效面谈指南》的相关内容。

5.具体沟通内容可根据实际情况适当增删，不必完全拘泥于本表建议的内容与格式。

23-07 员工绩效考核面谈记录表

员工绩效考核面谈记录表

部门：　　　　　　面谈双方：　　　　　　面谈具体时间：年　月　日　时至　时

1.对员工在本评估期内所完成的工作的全面回顾及客观评价（含工作内容、进展与成效、不足与改进意见、工作成果评价、未完成的工作内容及原因分析等）

2.员工在下一个评估期的工作目标、工作计划或工作安排、工作内容或上级期望（本部分可由员工先考虑，面谈中再由双方进行修改确认）

3.为更好地完成本职工作和团队目标，员工在下一阶段需要努力和改善的绩效，直接主管的期望、建议、措施等

4.员工对部门（公司）工作的意见或建议、不满或抱怨，及工作、生活、学习中的烦恼和困难，以及希望得到的帮助、支持、指导

5.以上面谈提纲中未涉及的其他面谈内容

员工签字（我同意面谈内容）：　　　　　　直接主管签字（我同意面谈内容）：

23-08 绩效评估沟通记录表

绩效评估沟通记录表

职员：　　　　　　部门：　　　　　　职务：

沟通时间：　　　　地点：

考评人与员工本人回顾考核期内工作表现：		
考评综述（讨论存在问题的原因，总结成功的原因）		
考评结论： □杰出，超过职责要求　　□优秀　　□良好　　□尚能达到职位基本要求 □除非尽快改进，否则无法胜任		
工作绩效改进计划		
项目	细项	完成时间
培训课程方向	1. 2. 3.	
期望完成的工作改进及采取的措施	1. 2. 3.	
员工签名：	考评人签名：	
部门经理意见		
人力资源部审核		

23-09 绩效考核申诉表

绩效考核申诉表

年　月　日

申诉人姓名		所在部门		岗位	
申诉内容					
接待人				申诉日期	

23-10　员工绩效评估申诉表

员工绩效评估申诉表

填写日期：　年　月　日　　　　　　　　接收日期：年　月　日

姓名		所属部门、项目、小组		职位	
被评估期间		主评估人		上一级主管	
初评结束日期		主评估人是否曾经与你进行过正式的绩效交流		是（　）否（　）	
详细描述申诉理由	申述人签名：　　　　　　　　　　年　月　日				
调查事实描述	调查人签名：　　　　　　　　　　年　月　日				
主评人处理意见	主评人签名：　　　　　　　　　　年　月　日				
仲裁意见	仲裁人签名：　　　　　　　　　　年　月　日				
特别说明：					

23-11　绩效考核申诉处理记录表

绩效考核申诉处理记录表

年　月　日

申诉人姓名		部门		职位	
申诉内容					
面谈时间			接待人		
处理记录	问题简要描述：				
	调查情况：				
	建议解决方案：				
	协调结果：				
经办人：					
备注：					

23-12 绩效改进计划表

绩效改进计划表

姓名		部门	
岗位		改进计划时间	

序号	必须改进的方面 （以优先顺序排序）	改进意义	要达到的目的	改进的方法	改进的时限

23-13 员工绩效评估结果汇总表

员工绩效评估结果汇总表

评估期间： 年 月　　　　　汇总人：

姓名	评估结果				总评
	第一季度	第二季度	第三季度	第四季度	

23-14　部门半年绩效考评汇总表

部门半年绩效考评汇总表

部门：　　考评时间：　　年　月～　　年　月　　　部门经理签字：

序号	姓名	岗位	评价等级	部门负责人或分管领导打分	个人得分权重	公司业绩完成率	公司权重	个人总得分	领导修正		
									修正系数	修正理由	签字
1											
2											
3											
4											
5											
…											

备注：1.评价分为优秀、良好、合格、待改进（对应分数为1.5、1.0、0.5、0）。
2.经理以上人员不参与部门考核成绩排序，由上级领导予以定级。
3.公司绩效系数根据半年度公司运营情况统一通知。

23-15　个人年度考核统计表

个人年度考核统计表

部门	姓名	岗位	月度绩效分												年度绩效分
			1	2	3	4	5	6	7	8	9	10	11	12	

23-16　部门年度考核统计表

部门年度考核统计表

姓名	工号	进厂时间	考核月份	当月评分	每分金额	当月奖金	备注
			1月				
			2月				
			3月				
			……				
			12月				
			年终合计				
姓名	工号	进厂时间	考核月份	当月评分	每分金额	当月奖金	备注
			1月				
			2月				
			3月				
			……				
			12月				
			年终合计				

注：××××年，××部绩效考核共计参加人员××位，获得前三名优秀者分别是，第1名×××，第2名×××，第3名×××。

23-17　绩效考核结果处理表

绩效考核结果处理表

编号：

姓名		岗位		评估时间	
工资序列		年龄		工龄	
单位		部门			
业绩考核得分		能力评估得分		态度评估得分	
综合考核得分＝业绩得分×70%+能力得分×20%+态度得分×10%					
绩效考核等级： □A（90～100分）　　□B（80～89分）　　□C（70～79分）　　□D（70分以下）					
考核结果处理意见	岗位异动		工资序列变动		其他
^					
^	被考核者意见	直接主管意见		部门经理意见	人力资源部意见
^					
备注					

第24章 劳动关系管理表格

24-01 员工劳动合同签收备案表

员工劳动合同签收备案表

序号	姓名	劳动合同期限		员工签名	签收日期	备注
		起	止			

24-02 劳动合同签订、变更登记表

劳动合同签订、变更登记表

部门		姓名		职务	
入职时间		转正时间			
签订（或变更）时间					
合同签订类型	□劳动合同书 □公司聘用合同书				
签订（或变更）期限					
签订（或变更）约定事项					
部门经理意见					
人力资源部意见					
总经理意见					

24-03 员工解除、终止劳动合同审批表

员工解除、终止劳动合同审批表

部门		姓名		职务	
入职时间		转正时间			
解除（或终止）时间					
合同类型	☐劳动合同书 ☐聘用合同书				
合同签订期限					
解除（或终止）事项					
部门经理意见					
人力资源部意见					
总经理意见					

24-04 劳动合同管理台账

劳动合同管理台账

编号	姓名	合同期限		员工签名及日期	合同变更		员工签名及日期	合同续签		员工签名及日期
		起	止		变更原因	变更条款		起	止	

24-05　员工申诉书

员工申诉书

部门		组别		职务		姓名	
伤害时间					申诉时间		
申诉事由（请按时间、地点、相关人、事情经过、造成结果、申诉理由填写）		申诉人确认：				日期：	
班、组、部回复意见		签名确认：				日期：	
人力资源部经理回复意见		签名确认：				日期：	
人力资源部回复意见		签名确认：				日期：	
总经理回复意见		签名确认：				日期：	

24-06　员工座谈会_____月问题改善跟进表

员工座谈会_____月问题改善跟进表

各位负责人：

　　大家好！员工座谈会结束已快一个月了，为了让员工更信任我们，我们有需要给员工正式的回复实施处理结果，因此请各位负责人填写是否完成，以便公告周知。

序号	意见内容	回复人	回复内容	已完成，完成时间	未完成，预计完成时间	确认人

核准：　　　　　　　　审核：　　　　　　　　呈核：

24-07　总经理意见箱_____月改善跟进表

总经理意见箱_____月改善跟进表

各位负责人：

　　大家好！员工座谈会结束已快一个月了，为了让员工更信任我们，我们有需要给员工正式的回复实施处理结果，因此请各位负责人填写是否完成，以便公告周知。

序号	意见内容	回复人	回复内容	已完成，完成时间	未完成，预计完成时间	确认人

核准：　　　　　　审核：　　　　　　　　　呈核：

24-08　员工意见箱_____月提报改善跟进表

员工意见箱_____月提报改善跟进表

各位负责人：

　　大家好！员工座谈会结束已快一个月了，为了让员工更信任我们，我们有需要给员工正式的回复实施处理结果。因此请各位负责人填写是否完成，以便公告周知。

序号	意见内容	回复人	回复内容	已完成，完成时间	未完成，预计完成时间	确认人

核准：　　　　　　审核：　　　　　　　　　呈核：

24-09　员工满意度调查问卷

员工满意度调查问卷

尊敬的女士（先生）：

非常感谢你在百忙之中抽出时间填写我们的调查问卷。

本问卷的调查目的是进行员工满意度及其影响因素的实证研究，问卷的调查结果仅限于学术研究，不涉及商业用途，我们将对问卷及贵公司提供所有的信息保密。

再一次感谢你的合作！

第一部分　基本信息

1. 性别
   A. 男　　　　　　B. 女
2. 年龄
   A. 20～30岁　　　B. 31～40岁　　　C. 41～50岁　　　D. 50岁以上
3. 在本公司工作的时间
   A. 1～5个月　　　B. 6个月～1年　　C. 1年～3年　　　D. 4年～10年　　E. 10年以上
4. 本人的最高学历
   A. 大专　　　　　B. 本科　　　　　C. 硕士　　　　　D. 博士　　　　　E. 其他
5. 在公司的职位级别
   A. 一般员工　　　B. 基层管理人员　C. 中层管理人员　D. 高层管理人员

第二部分　调查内容

1. 你对工资收入是否感到满意？
   A. 非常满意　　　B. 基本满意　　　C. 不确定　　　　D. 不满意　　　　E. 极度不满意
2. 你对加班工资的计算与付给是否感到满意？
   A. 非常满意　　　B. 基本满意　　　C. 不确定　　　　D. 不满意　　　　E. 极度不满意
3. 公司奖金的计算与付给是否合理？
   A. 非常合理　　　B. 基本合理　　　C. 不确定　　　　D. 不合理　　　　E. 极度不合理
4. 你对福利待遇是否感到满意？
   A. 非常满意　　　B. 基本满意　　　C. 不确定　　　　D. 不满意　　　　E. 极度不满意
5. 你对公司的社会保险是否感到满意？
   A. 非常满意　　　B. 基本满意　　　C. 不确定　　　　D. 不满意　　　　E. 极度不满意
6. 你认为公司的薪酬系统是否合理？
   A. 非常合理　　　B. 基本合理　　　C. 不确定　　　　D. 不合理　　　　E. 极度不合理
7. 你对假期制度和假期安排是否感到满意？
   A. 非常满意　　　B. 基本满意　　　C. 不确定　　　　D. 不满意　　　　E. 极度不满意
8. 你在工作中是否感到有乐趣？
   A. 时时有　　　　B. 偶尔有　　　　C. 不确定　　　　D. 没有　　　　　E. 肯定没有
9. 你是否感到工作有成就感？
   A. 肯定有　　　　B. 有时有　　　　C. 不确定　　　　D. 没有　　　　　E. 肯定没有
10. 你是否感到被公司尊重与关怀？
    A. 肯定有　　　　B. 有时有　　　　C. 不确定　　　　D. 没有　　　　　E. 肯定没有

11. 在工作中，你有朋友吗？
A.肯定有　　　　B.有时有　　　　C.不确定　　　　D.没有　　　　E.肯定没有
12. 你的个人能力及特长是否得到了发挥？
A.绝对得到发挥　　B.基本得到发挥　　C.不确定　　　　D.没有得到发挥
E.肯定没有得到发挥
13. 你认为公司的职位与权力是否相对应？
A.非常对应　　　B.基本对应　　　C.不确定　　　　D.不对应　　　E.极度不对应
14. 你在工作中有威信与影响力吗？
A.非常有　　　　B.基本有　　　　C.不确定　　　　D.没有　　　　E.极度没有
15. 在日常工作中，你经常受到表扬与鼓励吗？
A.经常有　　　　B.偶尔有　　　　C.不确定　　　　D.没有　　　　E.肯定没有
16. 你经常参加培训吗？
A.经常参加培训　　B.偶尔参加培训　　C.不确定　　　　D.没有培训　　E.基本上没有培训
17. 你是否经常获得本公司给予的机遇？
A.经常得到　　　B.偶尔得到　　　C.不确定　　　　D.很少得到　　E.肯定没有得到
18. 你的晋升机会多吗？
A.非常多　　　　B.基本有　　　　C.不确定　　　　D.没有　　　　E.极度没有
19. 你的专业知识和社会知识在不断进步吗？
A.非常大的进步　　B.基本有进步　　C.不确定　　　　D.没有进步　　E.极度没有
20. 你对你的社会地位感到满意吗？
A.非常满意　　　B.基本满意　　　C.不确定　　　　D.不满意　　　E.极度不满意
21. 你对你的工作能力提升感到满意吗？
A.非常满意　　　B.基本满意　　　C.不确定　　　　D.不满意　　　E.极度不满意
22. 你经常获得物质或金钱奖励吗？
A.经常获得　　　B.有时获得　　　C.不确定　　　　D.很少获得　　E.根本没有
23. 公司评比优秀员工的方法是否合理？
A.非常合理　　　B.基本合理　　　C.不确定　　　　D.不合理　　　E.极度不合理
24. 公司制定的处罚制度是否合理、公正？
A.非常合理公正　　B.基本合理公正　　C.不确定　　　　D.不合理不公正
E.极度不合理不公正
25. 记过、降级或降职的处罚规定是否合理？
A.非常合理　　　B.基本合理　　　C.不确定　　　　D.不合理　　　E.极度不合理
26. 你认为公司上下班时间的安排是否合理？
A.非常合理　　　B.基本合理　　　C.不确定　　　　D.不合理　　　E.极度不合理
27. 你认为公司休息时间的规定是否合理？
A.非常合理　　　B.基本合理　　　C.不确定　　　　D.不合理　　　E.极度不合理
28. 你认为公司的加班制度是否合理？
A.非常合理　　　B.基本合理　　　C.不确定　　　　D.不合理　　　E.极度不合理
29. 你认为公司的请假制度是否合理？
A.非常合理　　　B.基本合理　　　C.不确定　　　　D.不合理　　　E.极度不合理
30. 你认为目前工作的资源配置充裕吗？
A.非常充裕　　　B.基本充裕　　　C.不确定　　　　D.不充裕　　　E.极度不充裕
31. 你认为当前工作的资源配备适宜吗？
A.非常适宜　　　B.基本适宜　　　C.不确定　　　　D.不适宜　　　E.极度不适宜

32.你对公司资源配置的效率感到满意吗？
A.非常满意　　　B.基本满意　　　C.不确定　　　D.不满意　　　E.极度不满意
33.你对公司固定资产的管理感到满意吗？
A.非常满意　　　B.基本满意　　　C.不确定　　　D.不满意　　　E.极度不满意
34.你对公司新设备的配置感到满意吗？
A.非常满意　　　B.基本满意　　　C.不确定　　　D.不满意　　　E.极度不满意
35.你对公司新技术的运用感到满意吗？
A.非常满意　　　B.基本满意　　　C.不确定　　　D.不满意　　　E.极度不满意
36.你对你的工作环境感到舒适吗？
A.非常舒适　　　B.基本舒适　　　C.不确定　　　D.不舒适　　　E.极度不舒适
37.你在工作中是否感到便捷、方便？
A.非常便捷、方便　　　B.基本便捷、方便　　　C.不确定
D.不便捷、不方便　　　E.极度不便捷、不方便
38.你与同事之间的沟通与交流状况如何？
A.非常畅顺有效　　B.基本畅顺有效　　C.不确定　　　D.难沟通　　　E.极度难沟通
39.你对同事之间的人际关系状况是否感到满意？
A.非常满意　　　B.基本满意　　　C.不确定　　　D.不满意　　　E.极度不满意
40.你对同事之间的工作配合与协作是否感到满意？
A.非常满意　　　B.基本满意　　　C.不确定　　　D.不满意　　　E.极度不满意
41.你在工作中经常获得新的信息并分享到别人的经验吗？
A.经常有　　　B.有时有　　　C.不确定　　　D.没有　　　E.从来没有过
42.你觉得目前公司员工的士气与心态是：
A.非常高昂，心态非常好　　　B.基本高昂，心态一般　　　C.不确定
D.不好　　　E.极度不好
43.公司对舆论控制及导向，你感到是否满意？
A.非常满意　　　B.基本满意　　　C.不确定　　　D.不满意　　　E.极度不满意
44.你认为公司的团队精神如何？
A.非常强　　　B.基本可以　　　C.不确定　　　D.不强　　　E.非常差
45.你对自己及周围同事的工作质量是否感到满意？
A.非常满意　　　B.基本满意　　　C.不确定　　　D.不满意　　　E.极度不满意
46.你对你和周围同事的工作效率的评价如何？
A.非常高　　　B.基本可以　　　C.不确定　　　D.较低　　　E.非常低
47.你对公司的成本控制和管理感到满意吗？
A.非常满意　　　B.基本满意　　　C.不确定　　　D.不满意　　　E.极度不满意
48.你和周围同事在工作过程中的计划性和条理性如何？
A.计划和条理性非常强　　　B.基本有计划和条理性　　　C.不确定
D.没有计划和条理性　　　E.肯定没有
49.你和周围同事的工作责任感及能动性如何？
A.非常强　　　B.基本有　　　C.不确定　　　D.没有　　　E.极度没有
50.在工作中，员工们工作的灵活性与技巧是否常常体现出来？
A.经常　　　B.偶尔　　　C.不确定　　　D.没有　　　E.极度没有
51.你对公司召开会议的有效性及作用的评价如何？
A.有非常好的作用　　B.基本有作用　　　C.不确定　　　D.没有作用
E.极度没有作用

52. 你觉得公司大多数同事的品格及修养如何？
   A.非常好　　　　B.基本可以　　　　C.不确定　　　　D.不好　　　　E.极度不好
53. 你认为公司同事的观念是否跟上了时代步伐？
   A.完全跟上了时代　B.基本上跟上了时代　　　C.不确定
   D.没有跟上时代　　E.完全没有跟上时代
54. 你对公司大多数同事的学识水平及经验的看法如何？
   A.非常丰富　　　　B.基本可以　　　　C.不确实　　　　D.不丰富
   E.完全没有跟上时代
55. 你对你个人的能力表现感到满意吗？
   A.非常满意　　　　B.基本满意　　　　C.不确定　　　　D.不满意　　　　E.极度不满意
56. 你对公司的管理创新及改进方面的工作是否感到满意？
   A.非常满意　　　　B.基本满意　　　　C.不确定　　　　D.不满意　　　　E.极度不满意
57. 你对公司管理的连续性和稳定性感到满意吗？
   A.非常满意　　　　B.基本满意　　　　C.不确定　　　　D.不满意　　　　E.极度不满意
58. 你认为公司组织机构的设置是否合理？
   A.非常合理　　　　B.基本合理　　　　C.不确定　　　　D.不合理　　　　E.极度不合理
59. 你对公司的用人机制感到满意吗？
   A.非常满意　　　　B.基本满意　　　　C.不确定　　　　D.不满意　　　　E.极度不满意
60. 你对公司的监察机制感到满意吗？
   A.非常满意　　　　B.基本满意　　　　C.不确定　　　　D.不满意　　　　E.极度不满意
61. 你对公司管理人员的管理才能感到满意吗？
   A.非常满意　　　　B.基本满意　　　　C.不确定　　　　D.不满意　　　　E.极度不满意
62. 你对公司管理人员的管理艺术感到满意吗？
   A.非常满意　　　　B.基本满意　　　　C.不确定　　　　D.不满意　　　　E.极度不满意
63. 在工作中，你觉得管理人员的情感管理明显吗？
   A.非常明显　　　　B.基本明显　　　　C.不确定　　　　D.不明显　　　　E.极度不明显
64. 你对该公司管理人员管理工作的有效性感到满意吗？
   A.非常满意　　　　B.基本满意　　　　C.不确定　　　　D.不满意　　　　E.极度不满意
65. 你是否同意"当发现问题时，管理者总能够和当事人进行有效的沟通"这一讲法？
   A、非常同意　　　B.同意　　　　　　C.不确定　　　　D.不同意　　　　E.极度不同意
66. 你对公司的制度建设感到满意吗？
   A.非常满意　　　　B.基本满意　　　　C.不确定　　　　D.不满意　　　　E.极度不满意
67. 你觉得公司各项规章制度的制定是否足够？
   A.非常足够　　　　B.基本够　　　　　C.不确定　　　　D.不够　　　　　E.远远不够
68. 你对公司各种制度的实施感到满意吗？
   A.非常满意　　　　B.基本满意　　　　C.不确定　　　　D.不满意　　　　E.极度不满意
69. 对你来说，你对公司有认同感及归属感吗？
   A.非常有　　　　　B.基本有　　　　　C.不确定　　　　D.没有　　　　　E.极度没有
70. 你对公司提倡的企业精神与价值观的看法如何？
   A.非常好　　　　　B.其本认同　　　　C.不确定　　　　D.不认同　　　　E.极不认同
71. 你对公司文体、娱乐活动的安排感到满意吗？
   A.非常满意　　　　B.基本满意　　　　C.不确定　　　　D.不满意　　　　E.极度不满意
72. 员工生日及节假日时，你对公司的慰问工作感到满意吗？
   A.非常满意　　　　B.基本满意　　　　C.不确定　　　　D.不满意　　　　E.极度不满意

73.公司是否提供报纸、图书杂志供大家学习和了解新信息？
A.肯定有　　　　B.有时有　　　　C.不确定　　　　D.没有　　　　E.从来没有
74.你对公司内部宣传工作感到满意吗？
A.非常满意　　　B.基本满意　　　C.不确定　　　　D.不满意　　　E.极度不满意
75.公司对合理化建议的处理和态度你感到满意吗？
A.非常满意　　　B.基本满意　　　C.不确定　　　　D.不满意　　　E.极度不满意
76.你对公司处理客户投诉的原则和态度是否感到满意？
A.非常满意　　　B.基本满意　　　C.不确定　　　　D.不满意　　　E.极度不满意
77.你觉得顾客对我公司的信心及满意度如何？
A.非常满意　　　B.基本满意　　　C.不确定　　　　D.不满意　　　E.极度不满意
78.公司的服务质量状况现在是一个什么样的水平？
A.非常高　　　　B.较高　　　　　C.不确定　　　　D.低　　　　　E.非常低
79.你对企业的发展远景及未来展望有信心吗？
A.非常有信心　　B.基本有信心　　C.不确定　　　　D.怀疑　　　　E.很悲观
80.目前公司的经济指标完成状况怎么样？
A.非常好　　　　B.较好　　　　　C.不确定　　　　D.不好　　　　E.恶劣

非常感谢你完成这份调查表！
不知你是否有一些我们未在调查表中列出的观点需要表达，如果有，请把他们写在答题纸上。

Part 4 人力资源管理文本

第25章 招聘录用文本

25-01 ××××年度招聘方案

××××年度招聘方案

一、目的

为满足××××年公司各部人员数量和质量上的要求，在人员供给上保障各部顺利完成××××年度经营目标。

二、招聘目标

××××年2月18日前完成招聘任务。具体见《招聘需求汇总表》。

三、目标分解

把《招聘需求汇总表》按招聘责任人分类整理。

四、招聘策略与实施

具体招聘策略见下表。

招聘策略

序号	招聘类别	招聘策略	责任人
1	技术人员、熟练工人	内部介绍、网络（赶集网、易企秀、朋友圈）	各部负责人
2	管理人员、文职人员	现场、网络（智通、卓博）	人力资源部
3	普工、辅助人员	广告招聘	各部负责人

五、实施计划

实施计划具体见下表。

招聘计划实施表

序号	计划内容	责任人	进度控管
1	由人力资源部负责制定《人员引进奖励方案》	人力资源部	1月4日
2	根据《招聘需求汇总表》将招聘目标分解到具体责任人	人力资源部	1月11日
3	招聘责任人根据本部所分解的招聘目标进行《人员引进奖励方案》的宣导及再次内部分解招聘目标至个人	各部负责人	1月12日
4	招聘责任人收集意向入职人员名单，制作意向入职人员《通信录》	各部负责人	1月13日

续表

序号	计划内容	责任人	进度控管
5	根据《通信录》邀请意向人员来公司参观,介绍公司的文化、用工政策及发展前景	各部负责人	1月13日起
6	人力资源部制作各类招聘广告,包括现场招聘、外景招聘(大型)、招聘宣传单	人力资源部	1月13日
7	人力资源部拟订、确认、执行巨幅招聘广告制作、装贴计划	人力资源部	1月15日
8	年假期间与意向人员保持联络,年后电话跟进	各部负责人	适时
9	人力资源部开通、启用58同城、赶集网两个网络平台,由专人负责管理	人力资源部	1月16日
10	人力资源部拟订、确认三禾人才市场招聘计划并执行	人力资源部	1月17日
11	人力资源部拟订、确认智通人才市场现场招聘计划并执行	人力资源部	1月18日
12	人力资源部拟订应聘人员的接待、填表、面试工作计划并执行	人力资源部	1月19日
13	意向年后入职的或介绍人员入职的,招聘责任人要形成《××部意向入职人员档案》,1月20日复印一份至人力资源部	各部负责人	1月20日起

25-02 体检通知书

体检通知书

尊敬的_____先生(女士):

本公司拟录用您,请您在入职前到北京各区疾病预防控制中心体检。

体检合格者方可正式入职,本通知自签发之日起十个工作日内有效,过期视作您自动放弃入职资格。

试用期满合格转正后,凭体检发票经所属部门负责人签字后报送人力资源部,由人力资源部统一送审并报销。

员工签名:　　　　　　　　　　　　　　××公司
　　　　　　　　　　　　　　　　　　　人力资源部

日期:　年　月　日　　　　　日期:　年　月　日

25-03　员工报到（变动）通知书

员工报到（变动）通知书

姓名：_____　　性别：□男　□女　　入职日期：_____

员工编号：_____　　IC卡号：_____　　试用考察期：_____

□报到　　　　　　　　　　　　　　　　（含试用期　个月）

公司：_____　　部门：_____　　职位：_____

□变动

原公司：_____　　现公司：_____　　变动原因：_____

原部门：_____　　现部门：_____

原职位：_____　　现职位：_____　　生效日期：_____

员工签名：　　　　　　　　　　　　　　　　　　　××公司

　　　　　　　　　　　　　　　　　　　　　　　人力资源部

　　年　月　日　　　　　　　　　　　　　　　年　月　日

25-04　员工录用（报到）通知书

员工录用（报到）通知书

尊敬的_____先生（女士）：

　　您已经通过全面考核，条件符合岗位要求，现决定录用您为××公司_____部门_____职位，员工编号_____，考察期_____个月（含试用期____个月），请您于_____年____月____日____时____分带齐以下证照准时到我公司_____报到上班，联系电话：_____。（如超过以上日期仍未到职，则本通知书自动失效）

　　入职须交证照（原件或复印件）：

　　1.本市户口：身份证、户口簿、就业失业手册、计生证、医院体检表、健康证原件、学历证书、职称证书以及两张小一寸彩照。

　　2.非本市及外省：身份证、户口簿、医院体检表、健康证、学历证书、职称证书以及两张小一寸彩照。

　　3.办理银行工资账户，指定开户行为本地××银行系统开设的银行账户。

员工签名：　　　　　　　　　　　　　　　　　　　××公司

　　　　　　　　　　　　　　　　　　　　　　　人力资源部

　　年　月　日　　　　　　　　　　　　　　　年　月　日

25-05　员工廉洁从业承诺书

员工廉洁从业承诺书

　　本人作为××集团的一名员工，认可并接受集团制定的《××集团员工廉洁从业规定》，如有违反，愿意接受公司处分。

　　本人已签名确认的《××集团员工廉洁从业规定》见附件。

承诺人：_____

日　　期：_____

××集团员工廉洁从业规定

第一章　总则

　　第一条　为树立企业与员工队伍的良好形象，促进集团全体员工诚信从业、廉洁自律，特制定本规定。

　　第二条　本规定适用于集团及各下属公司全体员工。

　　第三条　全体员工应当遵守国家法律法规和公司规章制度，依法经营、廉洁从业、诚实守信，全心全意地为公司工作，切实维护公司的合法权益和个人的良好声誉。

第二章　廉洁从业行为规范

　　第四条　全体员工应当忠实维护公司利益，廉洁奉公，忠于职守。禁止利用职权和职务上的便利谋取不正当的利益。不得有下列行为。

　　（1）接受或索取与本企业有业务关系的企业或个人提供的任何利益或利益输送。

　　（2）接受或索取管理和服务对象提供的任何利益。

　　（3）将公司业务往来中的折扣、回扣、佣金、礼金、礼品、中介费等据为己有或私分。

　　（4）将公司业务往来中的物品以明显低于市场的价格获取。

　　（5）利用公司的资源、业务渠道、商业秘密、知识产权等为本人或他人从事牟利活动或利益输送。

　　（6）利用职务上的便利从事私人得利的中介活动。

　　（7）从事与集团及所属公司利益冲突的事情。凡在集团及下属企业以外的企业任职、兼职或收取报酬者，应向其所属的人力资源部门申报，证明与集团及所属公司无利益冲突，并经集团人力资源部核准，报集团授权领导审批后方可进行。

　　（8）从事损害公司利益的经营活动，或在与集团及下属企业同类业务或有业务关系的企业投资入股或收受干股。

（9）用企业的资产以个人的名义或他人的名义，在国（境）内外注册公司、投资参股、购买股票、购置不动产或其他经营活动（经董事长批准的除外）。

（10）利用职务上的便利，侵吞、窃取、骗取或以其他手段非法侵占公司财物。

（11）授意、指使、强令员工从事违法乱纪和违反公司规章制度的活动。

（12）瞒上欺下，瞒报、谎报、缓报、漏报突发事件、重大事故、经营成果和其他重要情况。

（13）利用公司的业务招待费、办公费、差旅费等费用假公济私。

（14）有其他牟取私利损害公司利益的行为。

第三章　实施与监督

第五条　集团将建立下列监督机制，以保证本规定的贯彻执行。

（1）在集团审计监察部设立专线电话、传真，接受社会和集团内部对员工的违规行为提出的投诉或举报。

（2）向所有业务单位和客户服务场所，公布举报投诉专线电话、传真号码，接受外部的监督。

（3）对内设立投诉检举信箱，并在员工手册上公布举报投诉专线电话、传真号码，接受内部员工投诉检举。

（4）集团审计监察部根据投诉检举资料进行检查和调查，听取被投诉检举人员的陈述和申辩，收集有关证据，根据调查结果提出处理建议。

第六条　各板块执行总裁、集团各部（室）负责人、各公司总经理为实施本规定的主要责任人。各高级管理人员要以身作则，模范遵守本规定，同时抓好本规定的贯彻实施。贯彻落实本规定的情况将作为高级管理人员任期经济责任审计的一项重要内容。

第七条　全体员工的廉洁从业情况，人力资源部门将作为考核、任免、升迁的重要依据和内容。

第八条　为提高廉洁自律意识，从思想源头杜绝违规违纪事件的发生，使员工知法守法、自重、自警，集团要求全体员工签订廉洁从业承诺书。各级人力资源部门负责组织其管辖员工承诺书的签订和存入员工档案的工作。

第九条　集团审计监察部依据职责权限，对本规定的执行情况进行监督检查。

第四章　对违反规定行为的处理

第十条　处理办法：责令违规者退还其不正当的经济利益，并视情节轻重作出但不限于以下处理决定。

（1）批评教育。

（2）降职或免职。

（3）解除劳动合同。

对给公司造成经济损失的，追究其经济赔偿责任直至通过法律途径追究其责任；涉嫌违法犯罪的移送司法机关处理。

第十一条　处理程序：由集团审计监察部提出处理意见。高级管理人员及集团总部员工，由集团最高领导处理；下属企业员工，由所在企业的人力资源部门处理。

第五章　附则

第十二条　本规定自发布之日起施行。

员工签名确认：_____　　日期：_____

（本人同意以上规定）

25-06　录用通知书

录用通知书

_____先生（女士）：

您好！感谢您对本企业的信任和大力支持。

非常荣幸地通知您，经过考核审查，本企业决定正式录用您为本企业职工。请您按以下通知到企业报到。

另，接通知后，如您的住址等有变化，请直接与企业人事部联系。

企业名称：_____
联系人：_____
年　月　日

1. 报到时间：
2. 报到地：

25-07　员工保证书

员工保证书

保证人_____，今保证思想纯正。在公司任职期间恪守公司规章制度，如有欠亏公款或侵占、盗窃、损坏公司财产，及其他足使公司蒙受损害的行为，本人愿担负全部责任。

保证人：×××
年　月　日

25-08　新进员工须知

新进员工须知

1. **上班时间**

上午：8:00～12:00。

中午：12:00～13:00休息。

下午：13:00～17:00。

所有人员星期天及法定假日均休息。

2. **考勤管理**

本公司采用人性化管理，所有人员上下班免打卡，仅于每星期第一个工作日由主管确认其上周的员工出席记录。

3. **加班**

（1）基于工作需要主管要求加班时，无正当理由不应拒绝。

（2）加班费的计算：

$$平常晚上加班费 = 本薪 \div 240 \times 加班小时 \times 1.5$$

$$星期天及法定假日加班费 = 本薪 \div 240 \times 加班小时 \times 2.0$$

4. **请假**

请假应事前到人力资源部取得请假卡，经本部门主管核准再把请假卡交还人事部考勤文员会签，假毕到人力资源部销假。

5. **试用**

新进员工试用期为3个月。

6. **识别证**

（1）新进员工报到当日在人事部领取识别证，上班时间及进出公司时均须佩戴识别证。

（2）识别证遗失请向人力资源部申请补发，但需缴工本费50元。

7. **工作服**

新进员工报到当日至总务部领取工作服。

8. **发薪日**

每月10～15日。

9. **赠品**

节假日发给一定的礼品。

10. 康乐活动

目前有篮球、羽毛球、乒乓球、象棋等,可向总务部借用。

11. 图书室

备有报纸、杂志、书籍,可向人力资源部借阅。

12. 医务室

提供简易医疗及咨询。

13. 食宿

公司免费向全体员工提供住宿及伙食。

14. 教育训练

(1)人力资源部会统一办理新进员工训练、品质训练、计算机训练、各类管理及专业训练。

(2)各部门依工作需要可个别办理在职训练。

15. 文具

新进员工所需文具请向本部门办事员申请。

16. 绝对禁止事项

(1)进出公司区或宿舍不得拒绝警卫或管理人员查询。

(2)在公司内禁止不穿工作服、不戴识别证。

(3)在食堂用餐禁止插队、禁止乱倒剩菜、禁止乱放餐盘。

(4)在宿舍、车间、广场禁止抽烟。

(5)在宿舍禁止喝酒。

(6)禁止乱丢垃圾。

(7)禁止随地吐痰。

(8)22:30以后禁止出公司。

(9)禁止赌博、打架、恐吓、勒索。

(10)禁止到异性宿舍。

(11)不得破坏、侵占公物。

(12)未经许可不得携带公物出公司。

(13)不得携带禁品入公司。

(14)未经许可不得带外人进公司。

本须知仅为公司管理规章的简要摘录,如有任何问题,请向贵单位办事员、主管请教或请洽人力资源部人员。

25-09　员工个人行为责任承诺书

员工个人行为责任承诺书

致：＿＿＿＿＿＿＿＿＿＿＿＿＿＿＿＿＿＿＿

　　我很荣幸成为本公司的一名员工，在公司贯彻学习法制理念、依法规范管理、提升危机防范意识的管理指引下，我将努力学法、知法、守法，遵守公司各项规章制度，并运用法律维护公司合法权益和自身合法权益。同时，我将依照国家法律法规和公司规章制度进一步约束个人行为，如发生任何违章、违法及犯罪行为，本人愿意承担全部责任并承诺如下。

　　（1）作为一名守法公民，我拥有完全的判断能力和责任能力，有义务遵守国家各项法律法规，谨防危及自身、他人、公司的危害结果发生。如有违反，我愿意承担相应法律责任。

　　（2）作为一名合格员工，我明确自己职能权限，并有义务按照现行的《公司法》的规定，以维护公司权益为准则，恪守诚信、忠实、勤勉义务，遵守《公司章程》《员工手册》《××集团员工廉洁从业规定》及公司所有规章制度，在任职期间，如发生本《承诺书》第（1）条所述违法行为视同违反公司规章制度，我愿意接受公司按照相关制度处理。

　　（3）未经公司书面授权同意，本人以公司名义所做的任何有损公司利益和名誉的行为均由本人承担全部法律责任和经济责任，与公司无关。

　　（4）如发生上述违规、违法、犯罪行为和违反公司规章制度的情形，公司有权立即与我终止劳动合同并不需支付经济补偿金。

　　（5）如我的个人行为造成公司经济损失，我愿意为此承担相应赔偿责任。

　　在此，我承诺自愿签署并认真履行上述承诺事项。

员工签名：＿＿＿＿＿＿＿＿＿＿＿＿＿＿
身份证号码：＿＿＿＿＿＿＿＿＿＿＿＿＿
日　期：＿＿＿＿＿＿＿＿＿＿＿＿＿＿

25-10 不可撤销担保书（出纳、仓管）

不可撤销担保书（出纳、仓管）

担保人姓名：_____ 性别：_____ 年龄：_____

户口所在地址：_____

户口所属派出所：_____

现居住地址：_____ 联系电话：_____

工作单位：_____ 联系电话：_____

身份证号码：□□□□□□□□□□□□□□□□□□

与被担保人关系：_____

                                                          担保人照片

被担保人姓名：_____ 性别：_____ 年龄：_____

户口所在地址：_____

户口所属派出所：_____

现居住地址：_____ 联系电话：_____

身份证号码：□□□□□□□□□□□□□□□□□□

                                                          被担保人照片

声 明

  本人愿意作为_____先生（小姐）在××公司_____工作期间的经济担保人，承担被担保人的监护责任。如被担保人因违反公司纪律或工作失误造成××公司经济损失，当被担保人逃避、拒绝或无经济能力赔偿时，本人将承担被担保人在××公司的全部经济赔偿责任，并赔偿××公司的相应经济损失。担保责任自被担保人入职之日起至担保人确实不需要为××公司承担责任之日止。

担保人签名：_____　　被担保人签名：_____

（甲方）　　　　　　　　　　　　（乙方）

日期：　　年　月　日　　　　　　日期：　　年　月　日

担保人身份证 复印件	被担保人身份证 复印件

附件：担保人户口簿复印件；被担保人户口簿复印件

25-11 不可撤销担保书（司机）

不可撤销担保书（司机）

担保人姓名：_____   性别：_____   年龄：_____

户口所在地址：_____

户口所属派出所：_____

现居住地址：_____ 联系电话：_____

工作单位：_____ 联系电话：_____

身份证号码：☐☐☐☐☐☐☐☐☐☐☐☐☐☐☐☐☐☐

与被担保人关系：_____

被担保人姓名：_____   性别：_____   年龄：_____

户口所在地址：_____

户口所属派出所：_____

现居住地址：_____ 联系电话：_____

身份证号码：☐☐☐☐☐☐☐☐☐☐☐☐☐☐☐☐☐☐

担保人照片

被担保人照片

声 明

　　本人愿意作为_____先生（小姐）在××公司_____工作期间的经济担保人，承担被担保人的监护责任。如被担保人因违反公司纪律或工作失误造成××公司车辆超过依法向保险公司索赔份额之外的经济损失，由被担保人全部承担。当被担保人逃避、拒绝或无经济能力赔偿时，本人将承担被担保人在××公司的上述全部经济赔偿责任，并赔偿××公司的经济损失。担保责任自被担保人入职之日起至担保人确实不需要为××公司承担责任之日止。

担保人签名：_____　　被担保人签名：_____

（甲方）　　　　　　　　　　　　　（乙方）

日期：　　年　月　日　　　　　　　日期：　　年　月　日

担保人身份证 复印件	被担保人身份证 复印件

附件：担保人户口簿复印件；被担保人户口簿复印件

25-12　员工试用期满通知书

员工试用期满通知书

_____先生（女士）：

您将于_____年_____月_____日试用期届满，根据公司有关规定及您在试用期的工作绩效和表现，经公司研究做如下决定。

1. 正式转正

自_____年_____月_____日起，我公司将正式录用您。

2. 延长试用期

您的试用期将延长至_____年_____月_____日，到期后公司根据有关规定及您在延长试用期内的工作绩效和表现予以评定是否转正。

3. 不予录用

自_____年_____月_____日起，我公司将与您解除劳动合同，请到人事部办理有关离职手续，谢谢您为我公司所做的贡献。

姓名	员工编号	所属部门	入职日期	职位	（转正后）职等级

人力资源部

签发人：_____

_____年_____月_____日

25-13　试用期转正通知书

试用期转正通知书

_____您好：

很高兴地通知您，经过试用期间的综合考评，您已经顺利地通过了本公司的转正审核，自_____年____月____日起成为本公司的一名正式员工。

特此通知并表示祝贺！

××公司

人力资源部

年　月　日

25-14　保密和竞业禁止协议

保密和竞业禁止协议

本保密和竞业禁止合同（下简称"合同"）由下列双方于____年____月____日签订。

_____公司（下简称"公司"）

注册地址：_____

法定代表人：_____

_____（下简称"雇员"）

身份证号：_____　住址：_____

联系电话：_____　邮编：_____

鉴于：

1.雇员承认，由于受聘于公司（包括但不限于接受公司可能不时向其提供的培训），其可能充分接触公司的保密信息（定义见下文），并且熟悉公司的经营、业务和前景及与公司的客户、供应商和其他与公司有业务关系的人有广泛的往来。

2.雇员承认，在其受聘于公司期间或之后的任何对保密信息的未经授权的披露、使用或处置或与公司竞争，将给公司的业务带来不利的影响，并给公司造成不可弥补的损害和损失。

3.雇员愿意根据本合同规定的条款和条件对保密信息保密并不与公司及其关联公司相竞争。

因此，双方经平等协商，达成合同内容如下。

第一条　定义

为本合同的目的，下列术语应具有下文规定的含义。

"保密信息"：指不论以何种形式传播或保存的与公司或其关联公司的产品、服务、经营、保密方法和知识、系统、工艺、程序、现有及潜在客户名单和信息、手册、培训资料、计划或预测、财务信息、专有知识、设计权、商业秘密、商机和业务事宜有关的所有信息。

"竞争业务"：指公司或其关联公司从事或计划从事的业务；和与公司或其关联公司所经营的业务相同、相近或相竞争的其他业务。

"竞争对手"：指除公司或其关联公司外从事竞争业务的任何个人、公司、合伙或合资企业、独资企业或其他实体。

"区域"：指公司或其关联公司从事或计划从事其各自业务的地理范围。

"期限"：指雇员受聘于公司的期限和该期限终止后＿＿＿＿年的时间。

"关联公司"：指控制公司的、由公司控制的或与公司受到共同控制的任何其他法人。

第二条　保密

1.雇员承诺对保密信息严格保密，并在其与公司的聘用关系终止时向公司返还所有保密信息及其载体和复印件。

2.雇员承诺，在期限内不以任何方式向公司或其关联公司的任何其他与使用保密信息的工作无关的雇员；向任何竞争对手；为公司利益之外的任何目的向任何其他个人或实体披露任何保密信息的全部或部分，除非该等披露是法律所要求的，在这种情况下，披露应在该等法律所明确要求的范围内进行。

第三条　竞业禁止

1.雇员承诺，在期限和区域内不直接或间接地以个人名义或以一个企业的所有者、许可人、被许可人、本人、代理人、雇员、独立承包商、业主、合伙人、出租人、股东或董事或管理人员的身份或以其他任何名义：投资或从事公司业务之外的竞争业务，或成立从事竞争业务的组织；向竞争对手提供任何服务或披露任何保密信息。

2.雇员承诺，在期限内不直接或间接地劝说、引诱、鼓励或以其他方式促使公司或其关联公司的任何管理人员或雇员终止该等管理人员或雇员与公司或其关联公司的聘用关系；任何客户、供应商、被许可人、许可人或与公司或其关联公司有实际或潜在业务关系的其他人或实体（包括任何潜在的客户、供应商或被许可人等）终止或以其他方式改变与公司或其关联公司的业务关系。

3.雇员承诺，其未签订过且不会签订任何与本合同条款相冲突的书面或口头合同。

第四条　对价

雇员在此确认，其将从公司不时取得的薪金和其他补偿或利益构成其在本合同第二、三条中所作承诺的全部对价。

第五条　执行

双方同意在法律允许的范围内最大限度地执行本合同，本合同任何部分的无效、非法或不可执行均不影响或削弱本合同其余部分的有效、合法与可执行性。

第六条　公平承诺

双方同意，本合同第二、三条中所作约定的范围和性质是公平合理的，在此约定的时间、地理区域和范围是为保护公司和其关联公司充分使用其商誉开展经营所必需的。

第七条　违约救济

雇员承认，其违反本合同将给公司和（或）其关联公司造成无法弥补的损害，并且通过任何诉讼获得的金钱赔偿都不足以充分补偿该等损害。雇员同意，公司和（或）其关联公司有权通过临时限制令、禁止令对本合同条款的实际履行或其他救济措施来防止对本合同的违反。但本条的规定不应被解释为公司和（或）其关联公司放弃任何获得损害赔偿或其他救济的权利。

第八条　合同的修改与转让

1.本合同构成双方就本合同题述事项所达成的完整的合同和共识，非经双方书面同意，本合同不得被修改、补充或变更。

2.雇员不得转让本合同或由本合同产生的任何义务或权益。

第九条　法律适用与争议解决

1.本合同受中华人民共和国法律管辖，并应根据其进行解释。

2.双方应努力通过友好协商解决由本合同产生的或与本合同有关的所有争议。如协商未果，该等争议应被提交中国国际经济贸易仲裁委员会根据其规则和程序在公司驻地仲裁解决。仲裁过程中，双方应尽可能继续履行本合同除争议事项外的其余部分。

第十条　文本

本合同一式两份，合同双方各执一份，具有同等效力。

双方在此于文首载明之日郑重签署本合同，以昭信守。

_____有限公司（公章）

授权代表：_____

雇员：_____

身份证号码：_____

住所：_____

25-15　内部推荐入职奖励方案

内部推荐入职奖励方案

一、目的

发挥团队精神、集体力量及时补充因公司快速发展而扩大的人员需求，保障公司年度经营目标的实现。

二、奖励对象

为公司成功推荐新同事的员工。

三、奖励方式

奖励方式具体见下表。

奖励方式

推荐岗位	奖励方式		发放时间
	满90天	满180天	
普工、学徒	奖励600元	奖励1200（含前面600元）	第一批发放时间为所推荐新人服务满3个月
技术工人	奖励1000元	奖励2000（含前面1000元）	
工程师	奖励2000元	奖励4000（含前面2000元）	第二批发放时间为所推荐新人服务满6个月

四、奖金发放流程

（1）新员工面试时，由推荐人带领至人力资源部。

（2）面试合格后，人力资源部工作人员要与入职人员及推荐人员核实情况后在《入职登记表》中注明推荐人。

（3）新员工入职时，人力资源部邀请推荐人填写《新员工推荐记录表》作为奖金发放的依据。

五、人才推荐约定

（1）所推荐人员必须符合公司的用人条件，通过公司面试。

（2）技术工人、工程师需通过部长面试。

（3）在服务期间，因违法或严重违反公司规章制度被除名而导致服务期不满3个月或6个月的，推荐人不享受此方案对应的奖金。

第26章 员工培训与发展文本

26-01 员工梯队培训方案

员工梯队培训方案

一、方案背景

××××年因产能扩张,新年开工后新员工迅速补充,入职不满1个月的新员工约占50%。

××××年自3月中旬起,原老员工中需抽调不少于20人作为售后团队,进行售后安装、调试服务的培养。

二、攻关目的

为有效开展全体员工梯队培养,以及应知应会的快速提升,并梳理形成员工持续培养机制,特制定此方案。

三、小组名单

攻关小组名单具体见下表。

攻关小组名单

组别	人员	相关职责
总指挥	×××	负责攻关小组运行中所有资源提供及决策
组长	×××	负责统筹新老员工培养工作并跟进、实施
		负责统筹新老员工的分组、分岗工作
		负责统筹跟进新老员工的培训计划、培训效果及考核工作
实施组	×××	负责员工工作的具体分配
		负责梯队员工培训计划、培训记录的拟订及培训效果的评估工作
		负责参与员工技能考核工作
		负责员工培训计划、培训记录的汇总、存档工作
		负责员工培训或转正方案的拟订工作
调研组	×××	负责对所有组别培训三天到一周内的效果抽查确认;负责对抽检结果经与各班组、部门负责人确认后,报备部长助理对课程进行优化或调整

四、攻关目标

×××年3月新员工技能考核合格率70%以上，老员工考核合格率85%以上。

五、实施时间（重点实施阶段）

×××年3月1日至×××年3月30日。

六、实施动作

培训方案的实施重点见下表。

培训方案实施重点

项次	方案重点	重点内容	完成时间	责任人	监督人
1	人员的分组定岗安排	由生产经理、售后经理统计确定各生产小组分组方式，形成《新员工培训分组分岗计划表》	3月1日前	××	××
		由生产经理依据人员分组情况，确定各小组师傅名单	适时	××	××
		每天生产一线新进员工，由部长助理从人力资源部带领交给生产经理，确定分配的具体班组、师傅	适时	××	××
2	培训计划的确定	由售后、生产负责人收集、编制各小组培训计划	3月1日前	××	××
		由部长助理汇总各小组培训计划，形成《培训计划汇总表》	3月2日前	××	××
		由生产经理、品质经理、售后经理及部长审核《培训计划汇总表》，主要评估确认培训提纲、培训讲师、受训人员的合理性	3月2日前	××	××
		由售后经理将现场实操类通用培训提纲，与各培训师傅进行讲解，作为《现场实操培训授课重点》	3月1日前	××	××
3	培训计划的实施	由部长助理将经审核后的《培训计划汇总表》依小组别排序打印，交相应的班组负责人作为培训任务	3月1日	××	××
		每天21:00前，由生产经理与各班组确定次日生产任务	持续	××	××
		由各班组长，于每天21:00后依据次日生产任务安排对应的技能实操培训，并形成《培训记录表》	持续	××	××
		技能实操培训的讲解方法参照《现场实操培训授课重点》进行	持续	××	××

续表

项次	方案重点	重点内容	完成时间	责任人	监督人
3	培训计划的实施	每天晚上下班前对于前日培训内容在当天的实操情况，对本班组新员工实施效果评价（优秀、良好、合格、不合格），填写在对应培训内容的《培训记录表》上，并在次日上午9:00前经生产经理审核，综合评估3天后交部长助理处理	持续	××	××
		调研组任一成员每天不定时两次对于前天各班组培训计划实施及培训效果的实际情况进行检查，形成培训效果评估记录每周交部长助理，发现异常时及时与各班组、部门负责人沟通、处理	持续	××	××
		由部长助理每周依据培训记录表整理形成《员工培训及考核档案表》作为员工试用期转正的技能考核资料	持续	××	××
4	培训结果的应用	由部长助理于3月4日前拟订《现场师傅带徒弟管理制度》	3月4日前	××	××
		由部长助理于3月4日前拟订《新员工转正考核方案》	3月4日前	××	××
		由事业部部长于3月25日组织生产、品质、售后负责人对春节后入职员工及前期员工进行技能考核、评定	3月25日前	××	××

七、激励措施

（1）方案实施期间，形成的实施动作未按时完成的，责任人处罚10元/项，并责令限期完成。

（2）方案实施期末，未达成目标的，攻关小组全员处罚50元，小组组长处罚100元；攻关达成目标的，奖励实施小组现金1000元，由攻关组长分配。

八、附则

（1）本方案经相关人员共同商议，确定内容后正式实施，如因客观因素需要对内容进行调整，则另行议定。

（2）本方案经批准后正式生效。

26-02　培训服务协议书

培训服务协议书

甲方：　　　　　　　　有限公司（以下简称甲方）
驻所：
法定代表人：
乙方：　　　　　　先生、女士（以下简称乙方）
住址：　　　　　　　　身份证号码：

甲方是一家知识型、创新型的企业，公司鼓励、支持员工参加与本岗位工作相关的职业培训，以期待员工有一个良性的职业发展生涯，与公司共同成长。根据《劳动法》《劳动合同法》等有关规定，甲乙双方在平等互惠、协商一致的基础上达成如下条款，以共同遵守。

第一条　培训服务事项
甲方根据企业发展的需要，同意出资送乙方参加培训，乙方参加培训结束后，回到甲方单位继续工作服务。

第二条　培训时间与方式
1. 培训时间：自　　年　月　日至　　年　月　日，共　　天。
2. 培训方式：□脱产　□半脱产　□函授　□业余　□自学

第三条　培训项目与内容
1. 参加培训项目：＿＿＿＿＿＿＿＿＿＿＿＿＿＿＿
2. 培训主要内容：＿＿＿＿＿＿＿＿＿＿＿＿＿＿＿

第四条　培训效果与要求
乙方在培训结束时，要保证达到以下水平与要求。
1. 取得培训机构颁发的成绩单、相关证书、证明材料等。
2. 甲方提出的学习目标与要求。
（1）能够熟练掌握应用＿＿＿＿＿＿＿专业或相关理论知识。
（2）具备胜任＿＿＿＿＿＿＿岗位或职务实践操作技能和关键任务能力。
（3）其他要求：＿＿＿＿＿＿＿＿＿＿＿＿＿＿＿＿＿＿＿

第五条　培训服务费用
1. 费用项目、范围及标准。
（1）培训期内甲方为乙方出资费用项目包括工资及福利费、学杂费、教材费、往返交通费、住宿费、生活补助费、通信费。
（2）费用支付标准如下。
——工资及福利费：工资＿＿＿＿＿＿元/月，福利保险按甲方统一规定标准执行。

——学杂费：_____元。
——教材资料费：_____元。
——往返交通费：_____元。
——住宿费：住宿费标准_____元/月，____天，共计_____元。
——生活补助费：_____元/月，共_____元。
——通信费：支付通信费_____元/月，共_____元。
——其他费用项目：_____元。
——培训费用合计：_____元。

2.费用支付的条件、时间与期限。

（1）满足本协议第四条各款约定，甲方向乙方应支付出资费用范围内全部培训费。

（2）工资及福利性费用按下列方式发放：①按月发放；②分学期发放；③培训结束后一次性发放；④随甲方统一发放；⑤分次预借发放。

（3）其他费用包括学杂费、教材资料费、交通费、食宿费、通信费等，按以下方式发放：①分期预借报销；②一次性预借报销；③分次凭票报销；④一次性凭票报销。

（4）所有培训费用的报销支付在培训结束后一个月内办理完毕，过期后由乙方自行负担。

第六条　服务期

1.服务期限签订原则见下表。

服务期限签订原则

培训费用（总额）/元	伍千以下	伍千~壹万	壹万~贰万	贰万以上
培训服务年限	1年	2年	3年	5年

2.个人的培训费用确定原则：培训结束后所发生的费用总额除以公司参加本次培训的所有人数。

3.乙方接受培训结束后，需按照甲方要求及时回到公司工作，继续为甲方服务，服务期限从乙方回到公司正式开始工作之日起计算，服务期限为____年，乙方须为甲方服务_____年（大写）。自_____年_____月_____日至_____年____月_____日止。如甲方与乙方已签订的劳动合同中的劳动期限短于本服务期的，则该劳动合同中的劳动期限自动延长至服务期满。乙方需学以致用，把获取的技术、知识充分应用在实际工作中，完成甲方安排的工作任务。

第七条　甲方责任与义务

1.在培训前与乙方签订固定期限的劳动用工合同，确立劳动关系。

2.保证及时向乙方支付约定范围内的各培训费用。

3.保证向乙方提供必要的培训条件、妥善的在职工作安排。

4.在培训期间,做好与培训单位的沟通、协调、监督工作。

第八条　乙方责任与义务

1.保证完成培训目标和学习任务,取得相关学习证件证明材料。

2.保证在培训期服从管理,不违反甲方与培训单位的各项政策、制度与规定;如系甲方派遣乙方出国参加培训的,还应当严格遵守所在国的法律、法规的规定。

3.保证在培训期内服从甲方各项安排,不得到其他公司、其他组织或个人处从事甲方指派的培训任务以外的任何工作(全职、兼职)。

4.保证在培训期内定期向甲方沟通,汇报学习情况;不得擅自改变经甲乙方确定的接受培训单位及培训计划等内容。

5.保证在培训期内维护自身安全和甲方一切利益;因私外出或擅自行动期间发生的任何事故的责任、费用由本人自负。

6.在培训期间,乙方应当充分尊重并严格遵守培训单位正常工作纪律和规章制度,乙方对培训单位任何劳动纪律或工作制度的违反视为对甲方规章制度及劳动纪律的严重违反,甲方有权视情节对乙方做出罚款、降级等处罚直至提前单方面解除与乙方劳动合同,甲方不支付乙方任何的经济补偿。

7.保证在培训期结束后,回到甲方参加工作,服从甲方分配,服务期限达到_____年以上(不包括培训期)。

第九条　违约责任

1.发生下列情况之一,乙方承担的经济责任。

(1)在培训期结束时,未能完成培训目标任务,未取得相应证书证明材料,乙方自行承担全部培训成本费用(全部培训成本费用包括甲方出资全部培训费用和因乙方参加培训不能为甲方提供服务所损失的实际成本)。

(2)在培训期内违反了甲方和培训单位的管理和规定,按甲方和培训单位奖惩规定执行。

(3)在培训期内损坏甲方形象和利益,造成了经济损失,乙方补偿甲方全部经济损失。

(4)培训期间内自行提出中止培训或解除劳动用工合同,乙方向甲方返回全部培训费用。

(5)培训期结束回到甲方工作后,未达到协议约定的培训服务年限,乙方必须向甲方支付违约金,违约金=培训费用×未服务年限÷总服务年限。

2.发生下列情况之一,甲方承担的经济责任。

(1)甲方未按约定向乙方支付全部或部分培训费用,按协议向乙方支付培训费用。

(2)因甲方的原因提出与乙方终止培训服务年限协议或解除劳动用工合同,依法向乙方支付经济补偿金。

3.发生违约情况时,守约方可依据法律法规和《劳动合同》的相关规定提出解除培训协议或终止劳动用工合同。

　　第十条　保密

　　乙方从培训中获得的任何技术、知识、信息，均应保密，未经甲方事先书面允许，不得公开、泄露或提供给他人，员工的保密义务在本服务期协议终止后继续有效二年。乙方违反保密规定，必须赔偿甲方由此引起的一切经济损失。

　　第十一条　附则

　　1.未尽事宜双方可另作约定。

　　2.本服务期协议中如有任何条款被裁定无效，并不影响其余条款的效力。

　　3.双方因违反本协议而发生的纠纷，应向甲方所在地的劳动仲裁机关申请劳动争议仲裁，并适用中华人民共和国法律。

　　4.本协议一式二份，甲、乙双方各执一份，具同等法律效力。

　　甲方（盖章）：　　　　　　　　　　　乙方签字：

　　法人代表签名或盖章：

　　签订日期：　　年　月　日　　　　　签订日期：　　年　月　日

26-03　员工个人发展计划（适用新员工）

员工个人发展计划（适用新员工）

　　此计划书适用于新员工或调入新职位的员工，它将成为您在_____公司开展工作和学习的指引，它能帮助您不断检讨和自我提高，它也是您的上级对您的工作进行评估的重要依据。请务必与您的上级一同讨论，将此计划书完成。

　　姓名：_____　部门：_____　职位：_____　入职或调动日期：_____

　　一、自我评价

　　请从"A、B、C、D"中选择一个最适合自己的描述填写以下1～17项。

　　A.高、很好、丰富　　B.适合　　C.一般　　D.差

　　1.学历　　　　　　　　　　（　　）

　　2.相关的工作经验　　　　　（　　）

　　3.接受培训程度　　　　　　（　　）

　　4.专业知识　　　　　　　　（　　）

　　5.专业技能　　　　　　　　（　　）

　　6.实际工作能力　　　　　　（　　）

　　7.对本职位的认识　　　　　（　　）

　　8.社交能力　　　　　　　　（　　）

　　9.忠诚度及稳定性

10. 自信心　　　　　　　　　(　　)
11. 责任心　　　　　　　　　(　　)
12. 主动性　　　　　　　　　(　　)
13. 心理承受力　　　　　　　(　　)
14. 逻辑思维能力　　　　　　(　　)
15. 对公司价值的认同　　　　(　　)
16. 身体素质　　　　　　　　(　　)
17. 性格　　　　　　　　　　(　　)

小结：（请根据以上内容进行分析总结，也可自行发挥，增加内容）

（1）我自身的优点是：＿＿＿＿＿＿＿＿＿＿＿＿＿＿＿＿＿＿＿＿＿＿＿
＿＿＿＿＿＿＿＿＿＿＿＿＿＿＿＿＿＿＿＿＿＿＿＿＿＿＿＿＿＿＿＿＿＿

（2）我的专业技术专长是：＿＿＿＿＿＿＿＿＿＿＿＿＿＿＿＿＿＿＿＿＿
＿＿＿＿＿＿＿＿＿＿＿＿＿＿＿＿＿＿＿＿＿＿＿＿＿＿＿＿＿＿＿＿＿＿

（3）我要改进的是：＿＿＿＿＿＿＿＿＿＿＿＿＿＿＿＿＿＿＿＿＿＿＿＿
＿＿＿＿＿＿＿＿＿＿＿＿＿＿＿＿＿＿＿＿＿＿＿＿＿＿＿＿＿＿＿＿＿＿

二、外因评价

请根据自己的认识从"A、B、C、D"中选择一个最适合自己的描述填写以下1～17各项。

　　A. 高、很好、丰富　　　B. 适合　　　C. 一般　　　D. 差

1. 公司的整体发展趋势　　　　(　　)
2. 公司对人才的重视程度　　　(　　)
3. 公司的企业文化建立　　　　(　　)
4. 公司晋升制度　　　　　　　(　　)
5. 公司奖励制度　　　　　　　(　　)
6. 公司培训制度　　　　　　　(　　)
7. 公司薪资制度　　　　　　　(　　)
8. 您负责工作的开展情况　　　(　　)
9. 部门的业务发展　　　　　　(　　)
10. 部门的团队精神　　　　　 (　　)
11. 部门职位竞争程度　　　　 (　　)
12. 部门的整体素质　　　　　 (　　)
13. 部门整体素质与您的比较　 (　　)
14. 本部门的人力资源状况　　 (　　)
15. 部门的工作目标　　　　　 (　　)
16. 您的经理对下属的要求　　 (　　)
17. 市场竞争的激烈程度　　　 (　　)

18.您将受到的阻力 （　　　）
小结：（请根据以上内容进行分析总结，也可自行发挥，增加内容）
（1）我的机遇是：_____
_____

（2）我的挑战是：_____
_____

三、我的目标、工作、主要行动及时间安排

（一）我的目标
（1）我的抱负是在_____年_____月前成为（拥有）：（包括薪酬、职位、工作经验与知识等）_____
_____

（2）什么样的个人状况是最理想的：（包括个人群体关系、团队中所处角色、掌握的技术管理知识、心理状态、对工作的认识度、对企业的认同感等方面）_____
_____

（3）到两年后的今天，即_____年_____月，希望在本公司能达到的职位是：
_____
_____

（4）第一年内，我希望在本公司能达到的职位是：_____
_____

（二）我的工作
1.我认为该职位的责任和工作范围有以下几方面
（1）_____
（2）_____
（3）_____
（4）_____
（5）_____

2.我认为完成两年的目标计划其关键在于以下几方面
（1）_____
（2）_____
（3）_____
（4）_____
（5）_____

（三）我主要的行动及时间安排
1.第一年
（1）_____
（2）_____

（3）_____
　　（4）_____
　　（5）_____
　2.第二年
　　（1）_____
　　（2）_____
　　（3）_____
　　（4）_____
　　（5）_____
（四）我希望得到的帮助和支持及培训
（包括公司提供办公工具、工作环境、挑战机会，或者资深员工给予协助、培训等方面）
　　（1）_____
　　（2）_____
　　（3）_____
　　（4）_____
　　（5）_____

26-04　个人发展计划书

个人发展计划书

前言

　　公司员工个人发展计划书共分公司文化、公司发展规划、企业大师语录、员工发展计划、员工上年度工作总结等五个部分。这五个部分环环相扣，从不同的角度将员工个人发展与公司整体发展的关系紧密地联系起来。员工发展计划是本计划书的核心部分，员工可畅谈自己对企业文化、公司发展战略的看法，并提出自己的意见和建议，同时根据公司发展战略确定自己的本年度及短期、中期、长期发展目标和实施计划。公司的各级经理必须成为真正的人力资源管理者，要"心贴心、面对面"地与公司的每一个员工认真讨论、分析这个计划，并一同得到一个如何实现计划的方法和路径，要尽自己全部的心血力争同大家一起去实现这个目标。制定个人发展目标、计划需要保持实事求是、认真严谨，对自己、对公司负责的态度，因为当员工个人计划在部门、公司得到确认后，将在今后的工作里付诸实施，而这些计划将成为公司、部门工作部署的重要依据及核心内容。

第一部分 企业文化

发展目标:(略)。
战略举措:(略)。
企业宗旨:(略)。
经营理念:(略)。
价值观:(略)。

第二部分 企业发展规划

1.(略)。
2.(略)。
3.(略)。

第三部分 企业大师语录

(略)。

第四部分 员工个人发展计划

一、关于填写员工个人发展计划的相关说明

(1)员工个人发展计划由4份表格和个人年度总结等5部分组成,4份表格分为个人发展计划A表、个人发展计划B表、个人发展计划C表、个人发展计划D表。个人发展计划A表、个人发展计划B表及个人年度总结由员工个人填写;个人发展计划C表、个人发展计划D表由员工直属主管经理填写。

(2)为保证所填表格内容的准确性、严谨性以及书面的整洁,请每份表格的填写人在认真确认内容后再填写,为保证字迹的清晰,字体大小至少为小四型号。如所提供的表格不够,可另填相应的同样表格,要求与正式表格相同,完成后附在后页的文件夹内即可(个人年度总结要求同上)。

(3)员工个人发展计划表的每份表格要由规定的填写人签字并注明日期后方有效,在当年内,如员工需对发展计划表中的部分内容做更改,可向所在部门的部门经理提交更改申请,待批准后,可按照原填写表格的格式和标准填写更改内容,并填写更改记录,完成后将更改的文档附在后页的文件夹内即可。

(4)关于员工个人发展计划和部分栏目概念的解释。

员工个人发展计划:是指个人通过分析和确定企业的发展目标以及自身的知识、技能、动机、兴趣、态度、爱好、长处和短处等个人特征,使个人的需要与组织的需要相匹配的适应的过程,是指个人遵循一定的道路或路径,去实现所选定的职业目标的过程。

知识:员工所掌握的基础知识、业务知识、实务知识和理论。

技能:员工所掌握的技术、技巧和业务熟练程度,以及理解判断分析能力、应用知识能力和配合协调能力等。

业务经验：员工在过去的工作中所积累的在管理、市场、技术、工程及其他方面的工作以及业务经验。

综合部分：指员工除在以上发展方向外对自己个人发展的其他目标的内容，如职位目标、薪金目标等。

长项：指员工在某项技能、思维、知识面、运作能力等方面具有明显优势。

弱项：指员工在某项技能、思维、知识面、运作能力等方面存在的明显不足。

二、员工个人发展计划表格

1. 员工个人发展计划A表（见下表）

员工个人发展计划A表

（此表由员工本人填写）

姓名		所属部门	
性别		出生年月日	
民族		职称	
血型		学历	
身份证号		婚否	
工作经历			
时间	单位	岗位、职务	工作业绩
学习经历			
时间	地点	专业	学习业绩
备注：			

2.员工个人发展计划B表(见下表)

员工个人发展计划B表

(此表由员工本人填写)

姓名		所属部门	

个人现状分析	知识	
	技能	
	业务经验	
	长项	
	弱项	

发展计划		
方向 \ 时间	个人中期发展计划 (1~2年)	个人长期发展计划 (2~3年)
知识		
技能		
业务经验		
综合部分		

对公司发展规划的认识、建议以及该规划与个人发展规划的异同点	

填表人签字		日期	

3. 员工个人发展计划C表(见下表)

员工个人发展计划C表

(此表由员工所在部门负责人填写)

填写人姓名		所属部门	

员工现状分析	知识	
	技能	
	业务经验	
	长项	
	弱项	

发展计划		

时间 方向	员工中期发展计划 (1~3年)	员工长期发展计划 (3~5年)
知识		
技能		
业务经验		
综合部分		

员工签字		部门负责人签字	
公司主管负责人签字		日期	

4.员工个人发展计划D表（见下表）

员工个人发展计划D表（员工培训计划）

（本表由部门负责人填写）

填写人姓名		部门	
员工要达到计划目标需要公司提供的工作和培训机会以及个人应付出的努力	业务工作		
	培训机会		
	个人应付出的努力		
员工签字		日期	
部门负责人签字		日期	
公司主管领导签字		日期	

第五部分　员工上年度工作总结

第27章 考勤休假管理文本

27-01 关于年假的通告

关于年假的通告

全体员工：

　　根据国家颁布的《企业职工带薪年休假实施办法》(《中华人民共和国人力资源和社会保障部令》第一号)《职工带薪年休假条例》(《中华人民共和国国务院令》第514号)及××公司的考勤管理制度，需员工提供有效的工作时间证明来确定年假天数，我司经审核确认资料属实后，按上述相关法规确定年假天数。

　　特此通告

××公司
人力资源部
年　月　日

27-02 员工带薪年休假确认书

员工带薪年休假确认书

　　部门：_____　　姓名：_____　　员工编号：_____
　　1.请在已交资料上打"√"，未交的打"×"。
　　□（1）曾任职单位工作时间证明（原件）
　　□（2）职工劳动手册、××省就业失业人员手册
　　□（3）社保缴费历史明细表
　　2.本人于_____年____月____日入职××有限公司，根据本人的工作年限及考勤制度，本人明确了解以下事项。
　　（1）本人在_____年____月____日至_____年____月____日（入职第一个公历年度）可以享受的带薪年假天数为____天/年，有效期_____年____月____日至____年____月____日。

（2）本人在____年___月___日至____年___月___日（入职后第二个公历年度至合同期满）可以享受的带薪年假天数为___天/年，有效期每年___月___日至___月___日，合同期满的年度则有效期至合同期终止的时间。

　　本人承诺，以上所提交的相关资料属实，若有虚假或故意隐瞒，本人愿意承担一切法律责任（包括但不限于自愿与公司终止劳动合同关系以及承担因此对公司造成的经济损失，如赔偿直接及间接经济损失或退回公司给予的相关经济利益等）。

员工签名：_____

身份证号码：_____

日期：_____

第28章 绩效管理文本

28-01 员工绩效考核指标调查问卷

员工绩效考核指标调查问卷

说明

本问卷是为了配合绩效考核体系的建立而设计的,为将来考核员工工作状况提供依据,请大家积极配合调查,认真填写问卷。

绩效考评体系关系各岗位员工的切身利益,并与公司整体管理水平紧密联系在一起。请大家按照表格内容选择对于本职位最重要的考评指标,并按照您的认识选择该指标的权重。

绩效业绩指标中有硬指标和软指标两种,硬指标的特点是易得到考评数据,比如销售人员年度销售任务完成情况就是一个硬指标;软指标则难以得到确切数据,需要先明确不同指标考评的分析评判级别,并将考核指标标准细分至易于衡量。如可以把某企业的会计师编制的"财务报表"作为软指标并确定权重,首先判断获得各档分数的明确标准,再把"财务报表"这个工作产出细分考评标准,比如及时性、数据准确性、符合会计准则等。

我们在设计各岗位的绩效考核指标时将引入内外部客户概念,即每个岗位的日常各项工作都是在为内外部客户提供服务,通过了解所提供的服务内容及工作产出,对其中的硬指标明确量化,对软性指标分出考核等级并细分考评衡量标准。

建议本问卷的填写由岗位所在员工及直属领导共同讨论完成。

在填写调查表时,请您仔细浏览每项调查内容的说明,如果有问题,请拨电话××××××××,我们将为您解答。

一、岗位职责

岗位职责具体见下表。

岗位职责			
员工姓名：		岗位名称：	
到岗时间：		所在部门：	
职责： 1. 2. 3. 4. 5. 6. 7. 8. 9.			

二、业绩考核指标体系

填写步骤如下。

1. 填写工作中需提供服务的内外部岗位

说明：明确本岗位日常需要频繁沟通的部门及外部客户，从中找出需要为其提供服务的岗位。

2. 填写服务内容

说明：分析为以上岗位提供的服务内容。

3. 填写服务产出及考核标准

说明：明确这些服务的工作产出；对于硬指标类工作产出，需明确量化考核标准；对于软指标类工作产出，需将工作产出分为优、良、中、差四级，同时通过细化各级评判标准以增加考评的有效性并减少人为因素。具体见下表。

业绩考核指标确认

服务客户	提供服务	工作产出	考核标准			
			优	良	中	差

三、能力与态度指标体系

1.能力

能力主要考评员工在岗位实际工作中具备的核心能力，请各位根据自己工作岗位的实际要求，参看附表1，选择5个能力指标，或填写出您认为本岗位最需要的能力指标并确认重要性。具体见下表。

您认为本岗位最需要的能力指标

（请填写能力编号）

能力	重要性（相对于您选择的其他指标）			
	□最重要	□很重要	□比较重要	□一般
	□最重要	□很重要	□比较重要	□一般
	□最重要	□很重要	□比较重要	□一般
	□最重要	□很重要	□比较重要	□一般
	□最重要	□很重要	□比较重要	□一般

2.工作态度

工作态度是对某项工作的认知程度及为此付出的努力程度，但一些纯粹的个人生活习惯等与工作无关的内容不要列入考评指标。请参看附表2选择5项指标或者写出您认为本岗最重要的指标并确认重要性。具体见下表。

您认为本岗位最需要的工作态度指标

（请填写态度编号）

态度	重要性（相对于您选择的其他指标）			
	□最重要	□很重要	□比较重要	□一般
	□最重要	□很重要	□比较重要	□一般
	□最重要	□很重要	□比较重要	□一般
	□最重要	□很重要	□比较重要	□一般
	□最重要	□很重要	□比较重要	□一般

感谢您的参与，在统计完大家的意见后，我们还将就一些重要方面再和大家做深入交流，以确立最真实的指标体系，达到全面、完整、公平地评价员工的目的。

附表1：能力指标

能力指标

类别	编码及细目		说明
人际交往能力	1.1	关系建立	能够与他人建立可信赖的长期关系
	1.2	团队合作	能够与他人合作共事，相互支持，保证团队任务的完成
	1.3	解决矛盾	能够解决已发生的矛盾，不致对工作产生大的负面影响
	1.4	敏感性	能关心他人、体谅他人，领会他人的请求，有时帮助想办法解决
影响力	2.1	团队发展	能够根据公司要求努力促进团队的协作和沟通，使工作顺利开展
	2.2	说服力	能说服下级、同事、上级接受某一看法与意见
	2.3	应变能力	待人处事较灵活，能够根据公司要求，认可公司变化所带来的冲击，并能顺利地完成转变
	2.4	影响能力	能以自己积极的言行带领大家努力工作
领导能力	3.1	评估	能较为合理的评价他人的技能和绩效，指出其不足
	3.2	反馈和培训	能够根据实际情况，通过培训和反馈帮助他人成长和发展
	3.3	授权	能够顺利分配工作与权力，有效传授工作知识，完成任务
	3.4	激励	有制度，能够利用奖励和表彰等方式提高员工积极性
	3.5	建立期望	能够与员工沟通，给下属订立明确的期望目标和标准
	3.6	责任管理	能够与下属沟通，注重过程管理，指导和协助员工完成任务
沟通能力	4.1	口头沟通	抓住要点，表达意图，陈述意见，不太需要重复说明
	4.2	倾听	能够注意倾听，力求明白
	4.3	书面沟通	几乎不需修改补充，比较准确地表达意见
判断和决策能力	5.1	战略思考	能够根据现状，了解组织面临的挑战和机会
	5.2	创新能力	工作中能够努力学习，提出新想法、新措施与新的工作方法并有风险意识
	5.3	解决问题的能力	问题发生后，能够分辨关键问题，找到解决办法，并设法解决
	5.4	推断评估能力	大致能作出正确的判断和评估
	5.5	决策能力	善于确定决策时机，提出可行方案，大多数日常事务处理果断得当
计划和执行能力	6.1	准确性	能按照计划执行，比较注意细节，偶有差错发生并能迅速改正
	6.2	效率	工作效率尚可，能分清主次，能够按时完成工作，基本保证质量
	6.3	计划和组织	能根据公司的要求，制定相应程序和计划，在权限范围内配置资源，明确目标和方针，以及确保供应的保障

续表

类别	编码及细目		说明
素质	7.1	主动性	工作热情，能主动考虑问题，并主动提出解决办法，对边缘职责范围之事不扯皮
	7.2	自信	对自己较为肯定，能够正视自己的不足，能够以努力的态度去积极完成工作
	7.3	灵活性	通常依照惯例行事，但也能根据环境变化变通行事，以取得良好效果
	7.4	发展导向	能够认识自己并按照公司的要求，积极参加公司安排的各种培训和培养计划
客户服务	8.1	了解客户需求	能够与客户沟通，了解客户需求，为推销产品而维持良好的关系
	8.2	客户管理	有较好的客户管理，能够引导客户期望，注意客户信用
	8.3	谈判能力	掌握一定的谈判技巧，积极促成谈判成功
	8.4	市场开拓能力	有市场开拓能力，能够收集市场信息、竞争对手情况，维持老客户开发新客户

附表2：工作态度指标

工作态度指标

指标类别	指标及编码
责任心类工作态度指标	1.1 出勤率的高低 1.2 是否认真完成任务 1.3 做事效率是否高 1.4 是否遵守上级指示 1.5 是否及时准确向上级汇报工作 1.6 是否有责任感，愿意承担更多的责任 1.7 是否虚心好学，要求上进
上进心类工作态度指标	2.1 做事效率是否高 2.2 是否遵守上级指示 2.3 是否及时准确向上级汇报工作 2.4 是否有责任感，愿意承担更多的责任 2.5 处理问题是否全面周到 2.6 是否勇于承担责任 2.7 是否要求自己以身作则
事业心类工作态度指标	3.1 是否注重协作，发挥团队精神 3.2 经营计划的立案、实施是否有充分的准备 3.3 是否关注公司长期的发展方向及长期目标的实施 3.4 处理问题是否全面周到 3.5 是否勇于承担责任 3.6 是否关心员工成长及员工工作效率 3.7 是否注重员工培训 3.8 是否要求自己以身作则 3.9 是否能严守期限，达成目标

28-02 员工技能考核方案

员工技能考核方案

一、目的

加快公司高级技能人才培养，提高专业技能素质，充分调动车间生产一线技工的工作热情和积极性，促进员工提高工作生产效率和质量，最大限度地推动公司整体效益发展。

二、适用范围

适应于事业部一线员工操作技能的考核。

三、定义

生产一线岗位技能等级暂定为五级，分别为学徒、初级技工、中级技工、高级技工、资深技工等，具体定义见下表。

技能级别定义

级别	定义
学徒	该岗位的储备人才，对岗位职责有一定的了解，可在高技能级别员工指导下完成相关工作，具有一定理论知识和现场实操经验的员工
初级技工	入职满3个月或有基础，对该领域有初步的认知，掌握工具、设备的基本功能和操作方法，可独立完成一般性、常规性工作的员工
中级技工	初级技工评定合格满6个月或有基础，具备基本的知识结构，可以运用专业知识完成本岗位相关工作，完成准确率95%以上，具备应对突发性、复杂性工作的能力的员工
高级技工	中级技工评定合格满6个月或有基础，具备系统的知识和应用能力，技能精湛，经验丰富，能够非常熟练的应用本岗位的全部技能，对本岗位的各种问题都有很好的解决能力和独到见解的员工
资深技工	高级技工评定合格满6个月，对该领域有深刻的研究和认识，具有课题攻关能力，能对本岗位提出富有建设性的意见或建议，可在该领域内培训教导新员工，具备一定的管理能力与理念，可协助部门领导完成一定的管理工作的高技能人才

四、评定周期

新员工每月进行一次评定（连续3个月，3个月后按每3个月评定一次）；老员工每3个月进行一次评定（持续），具体评定时间由事业部提前另行通知。

五、评定组织与流程

（1）成立部门员工技能考核小组，成员由事业部生产经理、品质经理、售后经理及生产部门组长、主管组成，考评结果最终交由事业部部长调级核准。

（2）无相关工作经验员工入职时，定义为学徒，由部门经理按《师傅带徒弟激励方案》执行相关工作。

（3）各岗位员工在符合技工评定定义条件时，本人可向直接上级提出申请，进行技能等级考核，考核合格后评为相应等级，依此类推。技能等级不能越级申报。

（4）初级技工（含）以上岗位员工参加相应技能等级考核时，不合格时参加低一等级技能考核，考核合格后评为相应技能等级，依此类推，直至延长试用期。

（5）在同行或同类相似岗位工作三年以上的新入职员工，初始技能等级评定不得超过高级技工；在同行或同类相似岗位工作一年以上的新入职员工，初始技能等级评定不能超过中级技工。

（6）各岗位技能考核均需由申请人填写《员工岗位技能评定表》，由申请人自评后交班组长推荐，报员工技能考核小组审核，开展技能评定工作。

（7）员工技能考核小组在7个工作日内，公布员工岗位技能考核结果，并通知员工所在班组负责人，《员工岗位技能评定表》交部长助理存档。

六、评定方法

（1）员工技能考核主要包括行为表现得分、培训得分及实操技能得分三部分。

（2）员工技能考核采取百分制，其中行为表现得分20分，培训得分20分，实操技能得分60分。

（3）依据《员工岗位技能评定表》，员工自评得分权重为20%，班组评分权重为30%，主管评分权重为30%，经理评分权重为20%。

（4）考核得分＝员工自评得分×20%＋班组评分×30%＋主管评分×30%＋经理评分×20%。

（5）各岗位实操技能标准由员工技能考核小组拟订，并在员工技能考核前维护更新作为考核标准。

七、评定结果的应用

（1）高级技工、资深技工的员工作为公司基层管理者的重要储备人才，在选拔培养基础管理者时将优先考虑。

（2）部门根据技能考核结果，作为员工薪资调整的参考依据之一。

（3）技能考核结果划分标准见下表。

技能考核结果划分标准

分数	晋级结果
85分以上	技能等级晋升一级
60分（含）至80分	技能等级不变
60分以下	技能等级降一级

第29章 劳动关系管理文本

29-01 签订劳动合同通知书

签订劳动合同通知书

尊敬的_____先生（小姐）：

　　感谢您加入本公司，根据《劳动合同法》和《劳动合同法实施条例》规定，现请您于_____年____月____日携带以下材料至本公司人力资源部办理录用手续，并协商一致签订劳动合同。如逾期不签劳动合同，公司将依据劳动合同法实施条例规定终止劳动关系。

　　（1）与原单位解除劳动合同关系的证明文件正本。
　　（2）入职体检报告。
　　（3）身份证原件及复印件一份。
　　（4）学历证明文件原件及复印件一份。
　　（5）职称证明文件原件及复印件一份（如有）。
　　（6）实名制银行账户复印件。
　　（7）二寸证件照2张。
　　（8）其他_____

通知方（签名或盖章）
年　　月　　日

签收回执

　　本人已收到单位于_____年_____月_____日发出的"签订劳动合同通知书"。

被通知方（签名或盖章）
_____年_____月_____日

29-02　劳动合同期满通知书

劳动合同期满通知书

_____部门负责人：

　　贵部门的部分员工劳动合同即将到期，请根据员工的工作表现作出是否转正或续约的决定，并请于_____年_____月_____日前将此回执交回人力资源部。

　　附：_____年__月份签订劳动合同名单

　　续订劳动合同通知书（　　　　　）

　　　　　　　　　　　　　　　　　　　　　　　××公司
　　　　　　　　　　　　　　　　　　　　　　　人力资源部
　　　　　　　　　　　　　　　　　　　　　　　年　月　日

签收回执

　　收到公司人力资源部于_____年____月____日发出的《劳动合同期满通知书》。

（1）本部门员工_____试用期满同意转正。

（2）本部门员工_____试用期满不同意转正。

（3）本部门员工_____劳动合同或协议期满同意续约。

（4）本部门员工_____劳动合同或协议期满不同意续约。

　　　　　　　　　　　　　　　　　　　　部门负责人签名：
　　　　　　　　　　　　　　　　　　　　　　　年　月　日

29-03　员工离职通知书

员工离职通知书

员工姓名：_____　　性别：□男　□女　　员工编号：_____
公司：_____　　　　部门：_____　　　职位：_____
入职日期：_____　　离职日期：_____
是否须离任审计？□是　□否
离职原因：□员工辞职　　　　　　　　　　　□员工自动离职
　　　　　□劳动合同期满，终止劳动合同　　□提前终止（解除）劳动合同
　　　　　□协商提前终止（解除）劳动合同　□协商终止（解除）劳动合同
　　　　　□其他原因：_____

说明：公司财务部收到您的□员工离职清退表（附《工作交接清单》）；□《终止（解除）劳动合同确认书》；□《离任审计终结的通知》后，方可计发您的最后工资等。

员工签名：　　　　　　　　　　　　　　　　××公司

　　　　　　　　　　　　　　　　　　　　　人力资源部

日期：　　年　月　日　　　　　　日期：　　年　月　日

29-04　续订劳动合同通知书

续订劳动合同通知书

员　工：　　　　　　　　　　　身份证：

　　双方于＿＿＿＿年＿＿月＿＿日签订的劳动合同将于＿＿＿＿年＿＿月＿＿日期限届满。经部门与公司考核，现通知您续签劳动合同，详细条款请阅劳动合同（一式两份）。收到此通知后7天内填写《续签劳动合同意向书》回复人力资源部，连同签订好的劳动合同交还人力资源部（员工自己留一份）。过期此通知书失效，视为员工自动放弃续签劳动合同。

特此通知

××公司

人力资源部

＿＿＿＿年＿＿月＿＿日

....

签收回执

　　本人已收到由本公司人力资源部于＿＿＿＿＿年＿＿月＿＿日发出的《续订劳动合同通知书》。本人会于收到通知后7天内以《续签劳动合同意向书》回复公司，过期将视为本人自动放弃与公司续签劳动合同。

被通知方（签名）：

收通知日期：

29-05　不签订无固定期限劳动合同确认书

不签订无固定期限劳动合同确认书

本人已在公司工作了_____年，签订了两次（或两次以上）固定期限劳动合同。合同到期，公司通知本人签订无固定期限劳动合同，考虑到本人实际情况，本人决定自动放弃签订无固定期限的权利，并要求与公司签订固定期限劳动合同。

特此确认！

确认人：
日期：

29-06　劳动合同变更协议书

劳动合同变更协议书

甲　方：_____公司
乙　方：_____（员工工号：_____）

经甲、乙双方协商一致，对双方在_____年_____月_____日签订（续订）的劳动合同第____条第_____款做如下变更。

一、变更后的内容。

二、本协议书经甲、乙双方签字（盖章）后生效。

三、本协议书一式二份，甲、乙双方各执一份。

甲方：××公司　　　　　　　　　　　乙方（签字）：
法定代表人或委托代理人：
　　　年　月　日　　　　　　　　　　　　年　月　日

29-07　解除劳动合同证明书

解除劳动合同证明书

编号：

　　我部门于____年____月____日与_____（身份证号：_____）在本单位工作岗位为_____，订立的合同编号为_____，合同期限为_____的劳动合同，兹根据《劳动法》及《劳动合同法》等相关法律法规的规定，按下列第____项规定予以（解除、终止）。

　　（1）符合《劳动合同法》第三十六条：经双方当事人协商一致，解除劳动合同（关系）。

　　（2）符合《劳动合同法》第三十八条____款规定，解除劳动合同（关系）。

　　（3）符合《劳动合同法》第三十九条____款规定，解除劳动合同（关系）。

　　（4）符合《劳动合同法》第四十条____款规定，解除劳动合同（关系）。

　　（5）符合《劳动合同法》第四十一条____款规定，解除劳动合同（关系）。

　　（6）符合《劳动合同法》第四十四条____款规定，终止劳动合同（关系）。

　　（7）因其他原因解除、终止劳动合同（关系）：_____

　　解除或终止劳动合同日期：_____年____月____日。

用人单位（章）：　　　　　　　　　　员工（签名）：

签收时间：____年__月__日　　　　　　签收时间：____年__月__日

注：1.此证明书壹式贰份，单位留存备档壹份，员工个人留取壹份。

　　2.附《劳动合同法》相关法律条款。

29-08　解除、终止劳动合同通知书

解除、终止劳动合同通知书

_____部门：

公司决定自_____年____月____日起解除、终止_____先生（女士）的劳动合同，请将下联转发其本人，并于3个工作日内，按公司规定办理工作交接和离职结算手续。

解除、终止劳动合同原因：

收到下联后本人签名：　　　时间：

解除、终止劳动合同通知书（下联）

姓名		性别		年龄		职务	
工作单位				合同终止日期			

_____先生（女士）：

本公司因以下第_____种原因解除、终止劳动合同。

（1）您的劳动合同于____年____月____日到期，经公司研究决定，不再与您续签劳动合同。

（2）根据《中华人民共和国劳动法》第三章的有关规定，经公司研究决定自_____年____月__日起解除与您的劳动合同，具体原因见下表第____条。

解除劳动合同原因

解除劳动合同原因：第_____条
（1）公司同意劳动者辞职要求
（2）试用期内解除合同
（3）严重违反劳动纪律或公司规章制度被辞退
（4）员工患病或非因公负伤，医疗期满后，不能从事原工作并且不能从事公司另行安排的工作
（5）不能胜任，经培训或调整岗位仍不能胜任工作的
（6）双方协商同意解除劳动合同
（7）其他：_____

××公司人力资源部（盖章）
年　月　日

29-09　终止（解除）劳动合同证明书

终止（解除）劳动合同证明书

　　本公司与_____（员工姓名）签订的劳动合同，依据_____，于____年____月____日终止（解除）劳动合同关系。

　　　　　　　　　　　　　　　　　　　经办人：
　　　　　　　　　　　　　　　　　　　　年　月　日

终止（解除）劳动合同证明书

　　本公司与_____（员工姓名）签订的劳动合同，依据_____，于____年____月____日终止（解除）劳动合同关系。

　　　　　　　　　　　　　　　　　　　（部门盖章）：
　　（存入员工档案）　　　　　　　　　　年　月　日

终止（解除）劳动合同证明书

_____（员工姓名）：

　　本单位与你签订的劳动合同，依据_____，于_____年____月____日终止（解除）劳动合同关系。

　　　　　　　　　　　　　　　　　　　（公司位盖章）：
　　　　　　　　　　　　　　　　　　　　年　月　日

29-10　离职证明

离职证明

_____先生（女士、小姐）（身份证号为_____）自_____年____月____日入职我公司担任人力资源部人力资源助理职务，至_____年____月____日因个人原因申请离职，在职期间无不良表现，经协商一致，已办理离职手续。

　　因未签订相关保密协议，遵从择业自由。
　　特此证明！

　　　　　　　　　　　　　　　　　公司名称（加盖公章）
　　　　　　　　　　　　　　　　　　年　月　日